알기 쉽고 재미있는

중앙 한국어

6

문법

알기 쉽고 재미있는

중앙 한국어 6 문법

초판 1쇄 발행 2019년 2월 28일

저 자 | 이찬규 외
책임 편집 | 이훈, 조윤희, 이혜선, 차준우, 이찬희
발 행 | 중앙대학교
등 록 | 제14-1호(등록일: 1977. 8. 31.)
주 소 | 서울 동작구 흑석로 84
전 화 | (02)820-6137
전 송 | (02)822-5495

판매처 | 태학사
등 록 | 제406-2020-000008호
주 소 | 경기도 파주시 광인사길 217
전 화 | (031)955-7580
전 송 | (031)955-0910
전자우편 | thspub@daum.net
홈페이지 | www.thaehaksa.com

값은 뒤표지에 있습니다.

ISBN 978-89-7207-901-9 04710
978-89-7207-900-2 04710(set)

KOMCA 승인필

이 책에 직간접적으로 자료 게재를 허락해주신 모든 분께 감사드립니다.
저작권자와 연락이 닿지 않아 부득이 허가를 구하지 못한 일부 자료에 대해서는
연락 주시는 대로 적법한 절차를 따르겠습니다.

*잘못 만들어진 책은 바꾸어 드립니다.

알기 쉽고 재미있는

중앙 한국어

6

문법

중앙대학교 한국어교육원 한국어 교재 편찬위원회

CAU 중앙대학교

| 머리말 |

중앙대학교에서 한국어교육원을 개원하고 한국어 교육을 본격적으로 시작한 지가 벌써 15년 정도가 되었다. 한국어교육원을 시작할 때만 해도 대학에서 가르칠 만한 한국어 교재가 몇 종밖에는 없었는데, 2017년 현재 시점에서 보면 각 대학마다 직접 개발한 한국어 교재만 해도 수십 종에 이른다. 중앙대학교 한국어교육원에서는 2006년 첫 교재 개발 작업에 들어가 2012년에 이르러서야《중앙 한국어》1~4권이 출간되었다. 각 권을 상 · 하로 분책하고 각 급별 워크북까지 제작하여 총 권수가 12권에 이르는 방대한 작업이었다. 임시 교재를 완성한 뒤 그 교재로 강의를 해 보고, 문제점을 발견하여 재수정 작업을 거치면서 보다 실질적으로 학습 효과를 높일 수 있는 교재를 만드는 방식으로 작업을 하다 보니 시간이 많이 걸렸다. 집필진만 22명에 이를 정도로 많은 사람들의 노고가 집약된 결과물이었다. 그동안 이 교재로 공부한 학생들의 만족도도 높은 편이고, 학생들의 한국어 구사능력도 단기간에 기대 이상으로 높아져 효과를 거두었다고 자평해 왔다. 그러나 2012년 이후 몇 년이 지난 시점에서 벌써 교재에 나온 상황이 과거의 것들이 많고, 분량도 압축하자는 의견이 많아 개정판을 내기로 하였다. 2015년 첫 모임을 가지고 개정 작업에 들어갔는데, 그동안 한국어 교육 학계에서 제기된 다양한 연구 결과들을 반영하고, 대화 내용뿐만 아니라 그림이나 사진 등도 참신하게 바꾸고, 책의 구성 형식도 더 이해하기 쉽게 정리하다 보니 개정 작업이라기보다는 새로운 책의 모습을 띠게 되었다. 이 책을 개정판이라 하지 않는 이유이다. 그동안 한국어 교재가 1~4권만 있던 것을 이번에 작업하면서 5~6권까지 개발하여 1~6급까지 완성된 틀을 갖추게 되었다. 1~4권은 통합교재의 형식으로 만들고, 5~6권은 영역별 교재의 형식으로 되어 있어 한국어 학습 단계에 가장 효과적인 방식이라고 자평하고 있다.

모든 책에는 저자들의 철학이 반영된다. 한국어 교육 교재라고 예외일 수는 없다. 이 책은 제목에서도 나와 있듯이 "알기 쉽고, 재미있어야" 한다는 철학이 반영되어 있다. 한국어가 배우기 어려운 언어라는 편견을 불식시키기 위해서는 한국어 교육자들의 노력이 많이 필요하고, 그것의 가장 핵심적인 작업이 교재 편찬이라고 본다. 한국어 배우기가 재미있고, 한국어에서 아름다움과 정밀함을 느껴야 한다. 이러한 점이 반영되도록 이번 편찬 교재에서는 유튜브 등 다양한 매체를 활용하여 교육을 할 수 있도록 하였고, 보다 재미있고, 다양한 활동들을 삽입하였다.

이 교재 작업의 헌사를 일일이 다 하기는 지면이 충분하지 않지만 그래도 가장 먼저 이 교재의 집필에 참여해 주신 분들의 노고를 잊을 수 없다. 처음 시작할 때와 달리 갈수록 많아지는 일에 대한 부담을 짊어지면서도 열정적으로 편찬 작업에 임해 준 다섯 분(이훈, 차준우, 이혜선, 조윤희, 이찬희)의 책임 편집자가 없었다면 편저본이 나올 수 없었을 것이다.

고된 업무 속에서도 교재 편찬을 위해 적극 후원해 주신 한국어교육원 원장님과 담당자, 그리고 이익을 구하지 않고 교재 편찬의 필요성에 적극 동참하여 지원을 아끼지 않은 산학협력단 단장님 이하 여러분께도 감사의 말씀을 드린다. 또한 부담이 될 정도의 많은 화료(畵料)와 편집료를 감당해 가면서도 기꺼이 출판을 맡아주신 태학사의 지현구 사장님과 편집진들께도 지면으로나마 감사의 말씀을 전한다.

모두 다 알다시피 교재에서 완성판이란 존재하지 않는다. 앞으로도 계속해서 한국어 교육에 관한 좋은 이론과 방법이 나올 것이고, 그에 따라 또 교재를 개편하는 작업을 해 나가야 할 것이다. 사회적인 분위기나 기술의 발달로 인해 변화의 속도가 빠른 만큼 앞으로는 디지털 교재(E-BOOK)를 추진할 필요가 있다. 한글이 세계에서 가장 우수한 문자이듯이 한국어도 세상에서 가장 배우기 쉽고, 재미있는 언어라는 생각이 들도록 중앙대학교 한국어교육원이 책임감을 가지고 교재를 편찬하고, 교육 방법을 개발해 나갈 것이다.

2018년 3월 1일

대표 저자 이찬규(중앙대학교 국어국문학과 교수)

| 일러두기 |

《알기 쉽고 재미있는 중앙 한국어 문법 6》은 외국어로서의 한국어를 배우는 외국인들을 위해 중앙대학교 한국어교육원이 개발한 한국어 교재이다. 기존의 1~4급 통합 교재와 달리 언어 기능별 분리형 교재로 이 교재에서는 문법적 특징이 유사하거나 비슷한 의미를 가진 문법 항목들을 묶어 범주화했다. 이렇게 범주화한 것은 고급 학습자들이 이해하는 데 좀 더 효과적이고 초, 중급에서 배운 문법들과 쉽게 비교하기 위해서이다.

이 교재는 『국제 통용 한국어 교육 표준 모형 개발 2단계』의 고급 문법 항목을 바탕으로 각 대학 부설 기관에서 사용하는 고급 교재들을 비교하여 총 72개의 세부 항목을 선별하였다. 이를 비슷한 항목끼리 묶어 5급 19개, 6급 18개 범주로 구성하였다.

이 교재는 문법 항목별로 문법에 대한 설명과 예문을 제시하였고, 연습 문제를 통해 학습한 내용을 확인할 수 있도록 구성하였다. 각 문법 항목에 사용된 예문과 연습 문제의 문장들은 고급 수준의 문장이나 전형적인 담화 텍스트를 제시하였다.

단원 표지

각 단원 첫 장에는 학습할 범주의 의미를 유추하기 위해 삽화나 사진과 같은 시각 자료를 제시하였다.

도입

문법 설명 전 학습자들의 학습할 문법 항목의 의미를 유추해 보기 위해 문법 항목의 전형적인 예문을 제시하였다.

설명

학습할 문법의 의미를 제시하는 단계로 문법의 의미를 시작으로 통사, 화용적 특징 및 제약들을 정리하였다. 먼저 문법의 의미가 제시한 후 통사적 특징이나 여러 제약들을 단계별로 제시. 해당 문법에 맞는 문장이나 전형적인 담화 텍스트로 구성하였다.

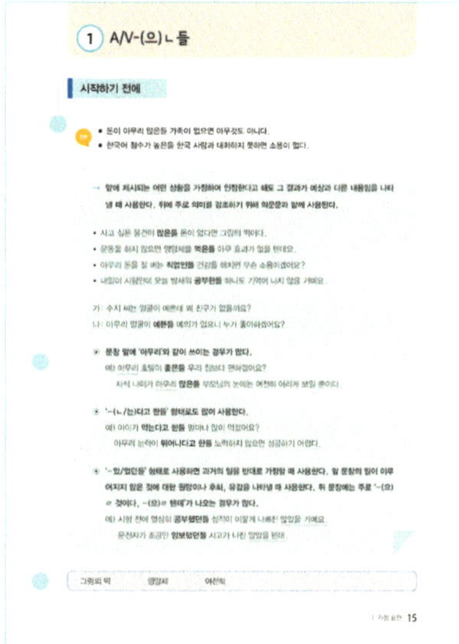
1 A/V-(으)ㄴ들
시작하기 전에

어휘

중앙 한국어 1~4급 교재 외에 새로 나온 어휘를 교재 하단에 제시하였다.

연습

학습한 문법을 이해하여 활용할 수 있는 문제로 구성하였다. 해당 문법을 이해하고 단순 연습하는 문제에서 해당 문법을 바탕으로 대화나 담화 맥락에서 활용하는 연습까지 단계적으로 구성하였다.

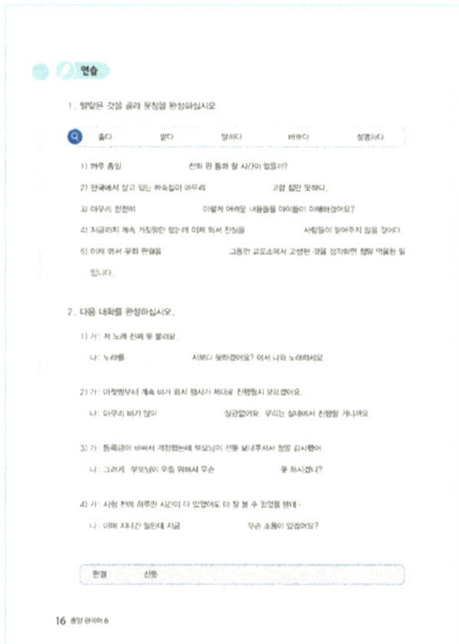
연습

확장

학습한 문법과 유사한 문법을 제시하여 초, 중급에서 배운 문법을 정리하고 비슷한 의미의 문법을 정리할 수 있도록 제시하였다.

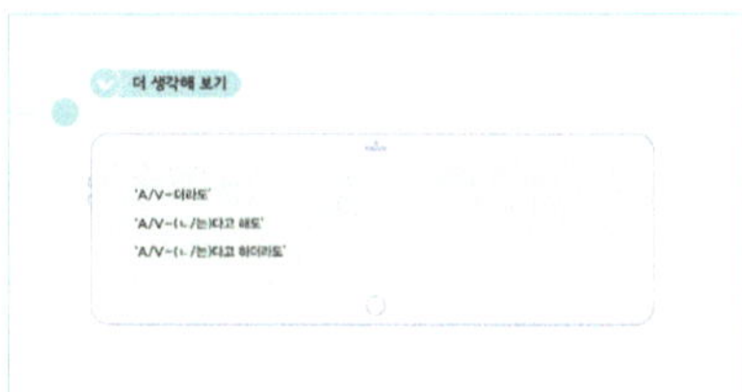
더 생각해 보기

| 차례 |

1 가정 표현

① A/V-(으)ㄴ들
② V-(으)ㄴ/는 셈 치다
③ A/V-ㄴ/는다고 치다 // N(이)라고 치다

1 A/V-(으)ㄴ들

시작하기 전에

- 돈이 아무리 많은들 가족이 없으면 아무것도 아니다.
- 한국어 시험 점수가 높은들 한국 사람과 대화하지 못하면 소용이 없다.

⋯› 앞에 제시되는 어떤 상황을 가정하여 인정한다고 해도 그 결과가 예상과 다른 내용임을 나타낼 때 사용한다. 뒤에 주로 의미를 강조하기 위해 의문문과 함께 사용된다.

- 사고 싶은 물건이 **많은들** 돈이 없다면 그림의 떡이다.
- 운동을 하지 않으면 영양제를 **먹은들** 아무 효과가 없을 텐데요.
- 아무리 돈을 잘 버는 **직업인들** 건강을 해치면 무슨 소용이겠어요?
- 내일이 시험인데 오늘 밤새워 **공부한들** 하나도 기억이 나지 않을 거예요.

가: 수지 씨는 얼굴이 예쁜데 왜 친구가 없을까요?
나: 아무리 얼굴이 **예쁜들** 예의가 없으니 누가 좋아하겠어요?

⊙ **문장 앞에 '아무리'와 같이 쓰이는 경우가 많다.**
예) 아무리 호텔이 **좋은들** 우리 집보다 편하겠어요?
자식 나이가 아무리 **많은들** 부모님의 눈에는 여전히 어리게 보일 뿐이다.

⊙ **'-(ㄴ/는)다고 한들' 형태로도 많이 사용한다.**
예) 아이가 **먹는다고 한들** 얼마나 많이 먹겠어요?
아무리 능력이 **뛰어나다고 한들** 노력하지 않으면 성공하기 어렵다.

⊙ **'-았/었던들' 형태로 사용하면 과거의 일을 반대로 가정할 때 사용한다. 앞 문장의 일이 이루어지지 않은 것에 대한 원망이나 후회, 유감을 나타낼 때 사용한다. 뒤 문장에는 주로 '-(으)ㄹ 것이다, -(으)ㄹ 텐데'가 나오는 경우가 많다.**
예) 운전자가 조금만 **양보했던들** 사고가 나진 않았을 텐데.
시험 전에 열심히 **공부했던들** 성적이 이렇게 나쁘진 않았을 거예요.

그림의 떡	영양제	여전히

연습

1. 알맞은 것을 골라 문장을 완성하십시오.

좋다	받다	말하다	바쁘다	설명하다

1) 하루 종일 __________ 전화 한 통화 할 시간이 없을까?

2) 한국에서 살고 있는 하숙집이 아무리 __________ 고향 집만 못하다.

3) 아무리 천천히 __________ 이렇게 어려운 내용들을 아이들이 이해하겠어요?

4) 지금까지 계속 거짓말만 했는데 이제 와서 진실을 __________ 사람들이 믿어주지 않을 것이다.

5) 이제 와서 무죄 판결을 __________ 그동안 교도소에서 고생한 것을 생각하면 정말 억울한 일입니다.

2. 다음 대화를 완성하십시오.

1) 가: 저 노래 진짜 못 불러요.

나: 노래를 __________ 저보다 못하겠어요? 어서 나와 노래하세요.

2) 가: 어젯밤부터 계속 비가 와서 행사가 제대로 진행될지 모르겠어요.

나: 아무리 비가 많이 __________ 상관없어요. 우리는 실내에서 진행할 거니까요.

3) 가: 등록금이 비싸서 걱정했는데 부모님이 선뜻 보내주셔서 정말 감사했어.

나: 그러게. 부모님이 우릴 위해서 무슨 __________ 못 하시겠니?

4) 가: 시험 전에 하루만 시간이 더 있었어도 더 잘 볼 수 있었을 텐데…

나: 이미 지나간 일인데 지금 __________ 무슨 소용이 있겠어요?

판결	선뜻

5) 가: 이번 신약은 그동안 암으로 고생한 환자분들에게 효과가 정말 클 것으로 예상됩니다. 출시가 되기도 전에 반응이 매우 뜨겁습니다.

나: 네, 맞습니다. 하지만 너무 비싼 가격으로 인해 서민들은 사기가 쉽지 않을 것 같다는 의견도 많습니다. 새로운 약이 획기적으로 ______________ 그렇게 비싸서야 아무런 도움이 안 되지요.

3. 〈보기〉와 같이 문장을 바꾸십시오.

> **보기**
> 너와 함께라면 어디라도 다 갈 수 있어.
> → 너와 함께라면 어디인들 못 가겠어?

1) 재주가 아무리 좋아도 노력하지 않는다면 성공하기 어렵다.

→ ______________________________.

2) 자신이 좋아하는 일을 해도 돈을 못 벌면 아무 소용이 없다.

→ ______________________________.

3) 그 가게 음식이 아무리 맛있어도 그렇게 비싸면 사람들이 많이 가지 않을 것이다.

→ ______________________________.

4) 아무리 자격증을 많이 따 놓았어도 업무와 관련된 경험이 없으면 취직하기 어렵다.

→ ______________________________.

5) 어려운 전문 용어들이 많이 나오는데 여러 번 설명해도 우리들이 이해할 수 없다.

→ ______________________________.

출시

4. 알맞은 것을 골라 글을 완성하십시오.

위로하다	강조하다	보상을 받다	시간이 흐르다

내일이면 그 참사가 일어난 지 꼭 일 년이다. 많은 인명 피해가 있었고 아직도 그 사건은 해결되지 않았다. 관련 기사는 여전히 사람들의 마음을 아프게 한다. 아무리 1) ______________ 사람들은 그 사건을 쉽게 잊지 못할 것이다. 많은 국민들이 슬퍼하고 가족을 잃은 유족들을 위로했다. 하지만 아무리 주위 사람들이 2) ______________ 상처가 쉽게 아물 수는 없었다. 정부는 참사로 가족을 잃은 유족들에게 보상하기로 결정하고 보상금을 산정하기 위한 조사에 착수했다. 하지만 3) ______________ 가족을 잃은 슬픔을 잊을 수 있겠는가?

다시는 이런 일이 일어나지 않도록 예방하는 일이 무엇보다 중요하다. 사고가 일어나기 전에 예방하는 것이 중요하다고 아무리 4) ______________ 우리가 관심을 가지고 실천하지 않는다면 아무런 소용이 없다.

더 생각해 보기

'A/V-더라도'

'A/V-(ㄴ/는)다고 해도'

'A/V-(ㄴ/는)다고 하더라도'

강조하다	참사	산정하다	착수하다

2 V-(으)ㄴ/는 셈 치다

시작하기 전에

- 재수하는 셈 치고 1년 동안 휴학하기로 했다.
- 사람 하나 살리는 셈 치고 친구의 부탁을 들어주었다.

…› **미루어 가정하고 뒤의 행동을 할 때 사용한다. 동사에만 사용하고 과거형에도 쓸 수 있다.**

- 한국어능력시험을 미리 경험을 **쌓는 셈 치고** 편하게 봤다.
- 형편이 어려운 학생들을 **도와주는 셈 치고** 기부금을 냈다.
- 친하지도 않은 친구에게 돈을 **떼이는 셈 치고** 빌려주었다.
- 가게를 연 처음은 **밀지는 셈 치고** 한다지만 너무 장사가 안된다.

가: 점심도 못 먹었죠? 어떻게 해요?

나: 괜찮아요. **다이어트하는 셈 치고** 굶었어요. 저녁 많이 먹을게요.

⊙ **동사의 과거형은 어간이 자음으로 끝나면 'V-은 셈 치고'를, 모음으로 끝나면 'V-ㄴ 셈 치고'를 사용한다.**

예) 지난번 일은 못 **들은 셈 치고** 그와 동업하기로 했다.

한 달 동안 중국 출장을 **여행 간 셈 치고** 갔다 왔다.

재수하다	떼이다	밑지다	동업하다

연습

1. 알맞은 것을 골라 문장을 완성하십시오.

받다	마시다	투자하다	운동하다	연습하다

1) 친구의 발표를 미리 발표 ____________ 도와주기로 했다.

2) 하루 동안 먹을 물을 한 번에 ____________ 다 마셔 버렸다.

3) 힘들지만 ____________ 엘리베이터를 타지 않고 계단으로 다닌다.

4) 주위에서 그런 것까지 배우냐고 하지만 미래에 ____________ 요리를 배우고 있다.

5) 병원의 실수로 안 받아도 되는 검사를 많이 해 걱정했지만 건강 검진을 ____________ 참고 넘어 갔다.

2. 다음 대화를 완성하십시오.

1) 가: 미안해요. 선물을 준비했는데 오다가 잃어버렸어요.

나: 괜찮아요. ____________.

2) 가: 좋아 보이지도 않고 싼 것도 아닌데 그 목걸이는 왜 샀어요?

나: 불쌍한 아줌마 ____________ 샀어요. 남편이 병원에 있대요.

3) 가: 우리 남편은 제가 없으면 제대로 하는 일이 없어요.

나: 맞아요. 제 친구들도 모두 아이 하나 더 ____________ 산다고 하더라고요.

4) 가: 준비하던 프로젝트가 없어졌다면서요?

나: 네, 아쉽지만 그냥 그 분야에 대해서 ____________.

5) 가: 어제 너에게 그렇게 심한 행동을 했는데 그 애를 도와주게?

나: 어제 그 친구가 한 일은 ____________ 그냥 도와줄래요. 누구나 실수는 할 수 있잖아요.

건강 검진

3. 알맞은 것을 골라 대화를 완성하십시오.

놀다	속다	먹다	도와주다	도전하다

진나: 제가 만든 빵을 민수가 다 먹었다면서요? 성주 씨 주려고 남긴 건데…

성주: 괜찮아요. 1) ____________. 그런데 빵 만드는 법은 언제 배웠어요?

진나: 작년에 배웠어요. 방학 때 2) ____________ 배웠는데 재미있었어요.

성주: 그랬군요. 그런데 진나 씨는 새로운 것을 배우는 것이 힘들지 않아요?
전 새로운 것을 배울 때 스트레스가 많이 쌓이던데.

진나: 저도 힘들 때가 많기는 하지만 그냥 새로운 일에 3) ____________ 거지요.
저는 힘이 들다가도 그 일이 잘 끝나면 도전을 마친 것 같아 보람차더라고요.

성주: 진나 씨는 사고가 참 긍정적이네요. 전 힘들면 그냥 다 포기하고 싶은데.
진나 씨와 함께라면 무슨 일이든 잘할 수 있을 것 같은데요.
제가 요즘 스키를 배우고 싶은데, 진나 씨가 도와주실래요?

진나: 스키요? 좋아요. 성주 씨 4) ____________ 배워 볼게요.

성주: 고마워요. 저도 진나 씨에게 5) ____________ 새로운 일에 도전해 보겠어요.

속다　　보람차다

4. 다음을 읽고 각 상황에서 인물들이 어떤 말을 했을지 쓰십시오.

1) 김 대리는 오래간만에 생긴 연휴에 뭐하고 지낼지 고민하고 있었다. 하지만 부장님이 갑자기 중국 상하이로 출장을 가라고 하셨다. 처음에는 남들 쉴 때 출장을 가서 우울했지만 연휴에 특별히 할 일이 없었는데 다행이라고 생각했다. 상하이로 여행 간다고 생각하니 조금은 기분이 나아졌다.

→ "그래, ______________________________.

호텔비도 공짜고, 일을 빨리 끝내고 쉬면 되지."

2) 내년에 결혼을 앞둔 진수 씨는 요즘 걱정이 많다. 예식장 비용이며, 신혼여행 경비 등 돈 들어갈 곳이 너무 많았기 때문이다. 며칠 고민하다 월급을 10만 원 덜 받는다고 생각하고 이번 달 월급부터 10만 원 더 저축하기로 결심했다. 조금은 힘들겠지만 내년 결혼을 위해 참기로 결심했다.

→ "______________________________.

내년에 여유롭게 결혼하려면 어쩔 수 없어."

3) 성주는 룸메이트인 진나가 며칠째 발표 준비로 고생하는 것을 지켜봤다. 처음에는 모른 척했지만 진나가 힘들어하는 것을 더 이상 볼 수 없었다. 그리고 발표 주제가 평소 관심이 있던 것이었다. 그래서 성주는 새로운 것을 배우는 데 의의를 두고 진나의 발표 준비를 도와주기로 했다.

→ "______________________________.

다음 내 발표 때 내가 요청하면 도와줘야 돼!"

더 생각해 보기

'A/V-(느)ㄴ다고 치다'

오래간만	의의	요청하다

3 A/V-ㄴ/는다고 치다 // N(이)라고 치다

시작하기 전에

- 그 문제를 해결한다고 쳐도 다른 큰 문제가 남아 있다.
- 어제는 늦잠을 자서 늦었다고 치고 오늘은 무슨 일로 늦었는데요?

1. 어떤 사람의 행동이나 주장 또는 그렇게 된 상황을 인정하거나 그렇다고 가정할 때 사용한다. 뒤에 오는 문장은 앞 문장의 내용을 반박하거나 그 내용을 인정했을 때 문제가 되는 내용이 온다.

2. 아직 일어나지 않은 일 또는 실제와의 다른 어떤 상황을 상상하거나 가정한 상태에서 어떤 행동이나 말을 할 때 사용한다.

- 그 책은 이제 **잃어버렸다고 치고** 새로 사는 것이 좋겠다.
- 돈이 **있다고 치고** 어디에 아파트를 사고 싶은데?
- 물건값을 **깎아 준다고 치고** 배송비는 어떻게 할 건데?
- 내가 선생님**이라고 치고** 나한테 자기소개를 해 봐.
- 복권이 **당첨됐다고 치고** 뭐부터 하고 싶은지 말해 봐.

가: 방학에 제주도로 여행 가는 것 어때? 성주네 집에서 자면 되잖아.
나: 잠은 성주네 집에서 **잔다고 치고** 비행기 표와 여행 경비는 어떻게 마련할 건데?

⊙ **'-(느)ㄴ다고 칩시다(치자)', '-(느)ㄴ다고 쳐도', '-(느)ㄴ다고 치고'의 형태로 많이 사용된다. '-고'를 생략하고 '-(느)ㄴ다 치다'로 사용할 수도 있다.**

예) 네가 **합격했다고 치자.** 등록금과 생활비는 어떻게 할 건데?
아무리 돈이 **많다고 쳐도** 그렇게 많은 땅을 살 수는 없다.
그냥 **휴가 왔다 치고** 재밌게 있다 갑시다.

⊙ **대화하는 사람들이 이미 알고 있거나 문맥에서 이해가 될 수 있는 내용에 대해서는 '그렇다고 치자', '그렇다고 쳐도', '그렇다고 치고'로 사용한다.**

예) 어제는 눈이 와서 그렇다고 치고 오늘은 왜 또 늦었는데?
그동안 연락이 없는 건 그렇다고 쳐도 화를 내는 건 뭐야?

연습

1. 알맞은 것을 골라 문장을 완성하십시오.

잡다	힘들다	출마하다	운동하다	손님이다

1) 유학 생활이 ____________ 군대보다는 나을 거야.

2) 제시간에 택시를 ____________. 공항까지 가는 시간은 생각 안 하니?

3) 그동안 열심히 ____________ 그렇게 먹어 대면 살이 빠지겠니?

4) 내가 ____________ 나에게 그 음료에 대해 설명해 봐.

5) 학생회장 선거에 ____________ 당선된다는 보장은 없어.

2. 다음 대화를 완성하십시오.

1) 가: 무슨 걱정이에요. 제가 도와줄게요.

나: 오늘은 네가 ____________ 내일은 어떻게 해?

2) 가: 다른 손님들도 많으니 그냥 물건값을 깎아 주고 저 손님을 보냅시다.

나: 저 손님한테는 물건값을 ____________. 그럼 다른 손님들은 어떻게 할 건데요?

3) 가: 자기소개서는 작년 말하기 수업 시간에 쓴 것이 있으니 그걸 조금 수정하면 될 거야.

나: 자기소개서는 ____________ 면접은 또 어떻게 준비하지?

4) 가: 도저히 더 이상은 못 참겠어. 당장 회사를 그만둘 거야!

나: 그래? 네가 회사를 ____________. 그러면 뭐하고 살 건데?

5) 가: 다음 주에 이사하는데 방을 어떻게 꾸밀까?

나: 그래? 이 방을 네가 이사한 ____________ 어떻게 꾸밀지 여기에 그려 봐.

3. 다음을 읽고 대화를 완성하십시오.

유미는 지금 사귀고 있는 남자 친구와 결혼하기로 결심했다. 그래서 우선 어머니에게 이 소식을 알렸다. 어머니는 매우 기뻐하면서 가능하면 빨리 남자 친구와 만나기를 원하셨다. 하지만 어머니는 결혼 준비를 할 생각에 걱정을 많이 하셨다. 어머니는 어머니 친구에게 딸을 결혼시키려면 돈도 많이 들고 준비할 것이 많다는 이야기를 들었다고 했다. 유미는 우선 어머니와 남자 친구를 언제 만날지, 결혼 준비는 어떻게 할지 이야기를 나누었다. 그리고 아버지에게 이 이야기를 어떻게 할 건지도 미리 연습해 봤다.

▼

유미: 엄마, 나 얘기할 게 있어.

엄마: 뭔데?

〈중략〉

엄마: 그나저나 결혼하려면 돈도 많이 들고 준비할 게 많다던데. 왜 있잖니, 엄마 친구 딸이 지난달에 결혼했다는데 준비할 게 많다더라.

유미: 그래? 사실 난 그렇게 많은 줄 몰랐었는데.
가을쯤 내가 1) 지금부터 준비할 게 뭐야?

엄마: 우선 양쪽 집안 어른끼리 인사해야지. 그리고 예단, 예물 같은 것도 해야 하고, 뭐라고 하더라… 둘이 사진 찍는 것?

유미: 스튜디오 촬영? 우린 둘 다 사진 찍는 것 싫어해서 안 찍을 건데. 스튜디오 촬영은 2) , 또 뭐가 있어?

엄마: 제일 중요한 너희 두 사람이 살 집부터 구해야지.

유미: 집은 남자 친구가 지금 살고 있는 집에서 살 거야.

엄마: 그래? 그럼 방은 3) , 가만있어 보자.
음, 혼수도 해야 하고, 청첩장도 만들어야 하고…

유미: 뭐가 그렇게 많아 요즘은 옛날처럼 복잡하게 안 해.

엄마: 그래도 그게 아니야. 막상 해 봐라 얼마나 많은지. 그리고…

유미: 엄마, 그만! 오늘은 여기까지. 아직 아빠에게 소개도 안 했잖아.

스튜디오 촬영	예단	예물

엄마: 그건 그러네. 오늘 말씀드릴 거니?

유미: 어, 그런데 좀 떨리네. 어떻게 말하지?

엄마: 그럼 엄마가 4) ____________ 어떻게 말할지 얘기해 봐.

유미: 그럴까? 음… 아빠, 저 드릴 말씀이 있는데요.

4. 과거에 핑계를 댄 이유가 무엇이었는지를 쓰십시오.

	핑계	대화
1)	할머니 제사 준비 때문에	가: 과장님, 죄송한데 제가 야근을 못할 것 같은데요. 나: 어제는 ____________ 오늘은 또 무슨 일 때문에 못하는 거죠?
2)	퇴근 시간 전에 갑자기 한 회의 때문에	가: 미안해. 많이 기다렸어? 나: 미안? 지난주에는 ____________ 오늘은 왜 늦었는데?
3)	농구하다 손을 다쳤기 때문에	가: 선생님, 죄송합니다. 발표를 다음 주에 하면 안 될까요? 나: 지난번에는 ____________ 오늘은 무슨 이유인 거죠?

더 생각해 보기

'V-ㄴ/는 셈 치다'

2

강조 표현

① A-기(가) 이를 데 없다
② V-(으)라고 // N(이)라고

1 A-기(가) 이를 데 없다

시작하기 전에

- 내 동생은 착하기가 이를 데 없다.
- 유미는 남자 친구에게 프러포즈를 받아서 기쁘기가 이를 데 없었다.

⋯› **어떤 상태나 정도가 아무리 해도 다 말할 수 없을 때 사용한다.**

- 초등학교 때 쓴 일기를 보니 **유치하기가 이를 데 없었다**.
- 돌아가신 할아버지는 **인자하기가 이를 데 없는** 분이셨다.
- 방학으로 학생들이 없는 텅 빈 교실을 보니 **쓸쓸하기가 이를 데 없다**.
- 많은 사람들 앞에서 실수했던 것을 생각하면 **부끄럽기가 이를 데 없었다**.

가: 어제 친구 집들이에 갔다면서요? 집은 어땠어요?

나: 워낙 깔끔한 친구라 집이 **깨끗하기가 이를 데 없더라고요**.

⊙ **조사 '-가'는 생략되어 사용할 수 있고, '-기(가) 이를 데 없다'는 긍정과 부정의 의미에서 모두 사용할 수 있다.**

예) 퇴근 시간에다 비가 와서 그런지 교통이 **복잡하기(가) 이를 데 없군요**.

새로 이사한 오피스텔은 건물 안에 편의 시설이 있어 **편하기(가) 이를 데 없네요**.

유치하다　　인자하다　　쓸쓸하다

연습

1. 알맞은 것을 골라 문장을 완성하십시오.

다양하다	똑똑하다	웅장하다	화려하다	뻔뻔하다

1) 그는 어려서부터 ______________ 사람이었다.

2) 시상식에 참가한 여배우들의 의상이 ______________.

3) 새로 문을 연 백화점은 넓고, 판매하는 제품의 종류도 ______________.

4) 오늘 올라간 산은 사진으로 본 것보다 실제로 보니 ______________.

5) 자기가 잘못을 해 놓고 사과하기는커녕 오히려 내 탓을 하는 동생이 ______________.

2. 다음 대화를 완성하십시오.

1) 가: 이 영화 재밌죠? 역시 여름에는 공포 영화가 그만이에요.

나: 네? 이 영화가 재미있었다고요? 전 ______________!

2) 가: 이번 여행은 게스트 하우스에서 지냈다고? 어땠니? 많이 불편했지?

나: 네, 여러 명이 화장실 하나로 생활하니 ______________.

3) 가: 아파트 단지 내 놀이기구에서 이상한 소리가 나서 아이들이 다칠까 봐 불안해요.

나: 그렇죠? 저도 제 딸이 노는데 ______________.

4) 가: 저기 가는 두 남매 불쌍해서 어떻게 해요? 부모님을 여의고 할머니에게 의지하고 살았는데 며칠 전 할머니마저 병원에 입원하셨다고 하네요.

저 두 남매는 이제 어쩌죠?

나: 그러게요. 그 아이들의 모습이 ______________.

웅장하다	뻔뻔하다	애처롭다	여의다	대책
물의를 일으키다	송구스럽다	원만히		

5) 가: 이번 사태로 소비자들의 불만이 높아지고 있습니다. 대책은 있으신가요?

나: 먼저 그동안 저희 제품을 많이 이용해 주셨는데 물의를 일으켜 ______________. 저를 비롯한 회사 모든 직원들은 이번 사태를 원만히 해결하기 위해 최선을 다하겠습니다.

3. 알맞은 것을 골라 대화를 완성하십시오.

착하다	나약하다	무지하다	교활하다	사악하다

옛날에 작지만 아름다운 왕국이 있었다. 평화롭던 왕국에 슬픈 일이 일어났다. 왕비가 공주를 낳다가 그만 죽어 버렸다. 왕과 백성들은 매우 슬퍼했다. 시간이 흘러 공주가 10살이 됐을 때 왕은 새 왕비와 결혼했다. 새 왕비는 아름다웠지만 1) ______________. 새 왕비는 왕을 죽이고 자기가 왕이 되는 음모를 꾸미고 있었다. 몸에 치명적인 영향을 줄 수 있는 약을 아무도 모르게 왕에게 먹였다. 그러나 2) ______________ 왕은 그런 줄도 모르고 왕비가 주는 약을 건강에 좋은 약으로 생각하고 열심히 그 약을 먹었다. 새 왕비의 미모에 빠져 그런 음모를 알아차리지 못한 것이다. 왕비의 이런 음모를 알아차린 충신들이 충언을 고했지만 무지한 왕은 그런 충신들을 다 감옥으로 보냈다. 결혼한 지 2년 만에 새 왕비는 드디어 왕을 죽이고 왕의 자리에 올랐다. 하지만 3) ______________ 새 왕비는 여기에 만족하지 못하고 부모를 잃은 불쌍한 공주마저 없애려고 했다. 아직 어려 4) ______________ 공주는 새 왕비를 친어머니처럼 모셨다. 새 왕비는 그런 5) ______________ 공주를 없애려고 왕국에서 많이 떨어진 곳으로 심부름을 보냈다.

나약하다	무지하다	교활하다	사악하다	음모
충신	충언을 고하다			

4. 다음 그림을 보고 각각의 인물들이 하고 싶은 말을 완성하십시오.

오페라를 보고 감동한 주부

1) 배우들의 연기가

______________________________.

충치로 밤새 아픈 남학생

2) 치통 때문에 밤새 잠을 못 잤는데

______________________________.

세 번째로 운전면허 시험에
떨어진 회사원

3) 이번에는 합격한다고 했는데 또 떨어져

______________________________.

더 생각해 보기

A-기(가) 그지없다

A-기(가) 짝이 없다

A-기(가) 한이 없다

2 V-(으)라고 // N(이)라고

시작하기 전에

- 제발 다치지 말고 조심히 좀 다니라고.
- 지금 나보고 거기를 다시 가라고?

1. 말하는 사람의 생각이나 주장을 강조하여 말할 때 사용한다.

- 몸에 해로운 술은 이제 좀 **끊으라고**.
- 무슨 일이 일어났는지 어서 말해. **말하라고**.
- 교복이 비에 다 젖었으니 어서 **갈아입으라고**.

가: 성주야, 방금 뭐라고 했니?

나: 너 때문에 뒤에 사람이 안 보이니 똑바로 **서라고**.

2. 들은 사실을 확인하여 묻거나 부정의 뜻으로 되물을 때나 빈정거릴 때도 사용한다.

- 언니가 할 일까지 나보고 다 해 **놓으라고**?
- 이렇게 많고 두꺼운 책을 하루 만에 다 **읽으라고**?
- 저 애는 저렇게 나를 헐뜯고 욕하는데 나만 **참으라고**?

가: 정성껏 차린 음식이니 남기지 말고 다 먹어라.

나: 별로 맛도 없는데 다 **먹으라고**?

3. 어떠한 사실이 생각했던 것과 다름을 확인하고 자신이 잘못 생각했었다는 뜻으로 말할 때 사용한다.

빈정거리다　　　헐뜯다

- 우리 반 전체가 다시 숙제하는 거였지! 다행이다. 나만 다시 **숙제하라고**.
- 난 또 네가 찾는 지갑이 이 **지갑이라고**.
- 정말? 난 왕명이랑 진나가 서로 아는 **사이라고**.

가: 수지가 누군데?

나: 몰라? 에이, 난 또 둘이 같은 반 **친구라고**.

⊙ **과거 시제는 'V-았/었다고'의 형태로 사용한다.**

- 어제 모임에서 아는 사람이 없어서 내가 얼마나 **당황했다고**.
- 그만 말해도 돼. 나도 이제 **알았다고**.

연습

1. 알맞은 것을 골라 문장을 완성하십시오.

입다 씻다 만들다 탓이다 선생님이다

1) 오전에 씻었는데 또 ________________?

2) 늦게 도착한 것이 다 내 ________________?

3) 이따 춥다고 하지 말고 옷 좀 더 ________________.

4) 모르는 선생님이야? 난 또 아는 ________________.

5) 이 제품 만드는 데 오래 걸리지 않으니 다시 ________________.

2. 다음 대화를 완성하십시오.

1) 가: 이 옷이 싸다는 거야?
나: 아니, 이 옷이 아니라 저 ________________.

2) 가: 무슨 일인데? 무슨 중요한 얘기야?
나: 이것부터 하고 얘기할 테니 거기서 잠깐만 ________________.

3) 가: 날도 궂고 늦었는데 우리 집에서 자고 가라.
나: 미리 말도 안 하고 외박했다가 어머니께 ________________?

4) 가:건강도 좋지 않고, 곧 결혼해야 하니 회사는 그만두는 게 어때?
나:뭐라고? 지금 얼마나 중요한 일을 하는데 회사를 ________________?

5) 가: 엄마가 마트 갔다 오라는 거야?
나: 어, 날도 더운데 마트는 언제 갔다 오지?
가: 너보고 가래?
나: 어, 언니는 바쁘니 나보고 갔다 오라고 했어.
나: 휴, 다행이다. 난 또 나보고 ________________.

궂다 외박하다

3. 다음 상황에 알맞은 문장을 완성하십시오.

1) 담배를 못 끊는 친구에게 해 주고 싶은 말

→ .

2) 이틀 안에 세 권의 책을 읽고 감상문을 쓰라는 선생님에게 하고 싶은 말

→ ?

3) 놀기만 하던 누나가 이번 학기 장학금을 받았다는 말을 들은 뒤 하고 싶은 말

→ ?

4. 다음 대화문을 완성하십시오.

성주: 유미야, 주말에 시간 있어?

유미: 어. 그런데 왜?

성주: 나 대신에 소개팅에 나가 줘.

유미: 뭐라고?

성주: 나 대신에 소개팅에 1) . 오빠 친구 중에 착한 사람이 있어서.

유미: 뭐, 지금 나보고 소개팅을 2) ? 남자 친구와 헤어진 지 얼마나 됐다고.

성주: 네가 너무 힘들어해서. 이별의 상처는 또 다른 만남으로 치유하는 거야.

유미: 됐어. 이제 남자라면 지긋지긋해. 그런데 어떤 사람이야?

성주: 뭐야? 남자라면 지긋지긋하다며?

유미: 아니, 좋은 남자면 만나볼 수도 있고. 헤헤헤.

성주: 한국대학교 컴퓨터 공학과 3학년이야.

유미: 한국대학교 컴퓨터 공학과 3학년에 다녀? 혹시 이민수 아니야?

성주: 아닌데. 김지훈인데. 그런데 이민수는 누구야?

유미: 그렇구나. 난 또 내가 아는 3) . 우리 언니 친구가 거기 다니거든.

성주: 어때, 소개팅 생각 있어? 있으면 지금 바로 약속 잡을게.

치유하다	지긋지긋하다

유미: 아냐, 지금 내가 소개팅이나 할 때가 아니야. 팀플 발표가 문제지.

성주: 팀플 발표? 그거 나도 같은 팀 아냐? 근데 팀플 발표가 다음 주야?

유미: 아니, 이번 달 말인데, 내가 맡은 부분이 자료가 별로 없어.
있어도 다 영어 원서야. 내가 영어가 좀 부족하잖아.

성주: 어휴, 난 또 다음 주가 4) ______________. 내가 도와줄게. 나도 해야 하니까.

유미: 고마워. 소개팅은 잊고, 공부나 하자.

더 생각해 보기

A/V-ㄴ/는다고

3

결과/회상 표현

① V-(으)ㄴ 끝에

② V-아/어 내다

1 V-(으)ㄴ 끝에

시작하기 전에

- 그는 열심히 공부한 끝에 원하는 대학에 입학했다.
- 무리하지 않고 꾸준히 운동한 끝에 다이어트에 성공했다.

…› **시간이 오래 걸리거나 힘든 과정을 겪은 후 어떤 결과가 나타날 때 사용한다.**

- 그는 3번이나 **도전한 끝에** 올림픽에 출전했다.
- 이틀이나 **검토한 끝에** 보고서의 틀린 곳을 찾아냈다.
- 형은 오랫동안 **궁리한 끝에** 다니던 회사를 그만두기로 했다.
- 그 사람은 젊은 시절부터 **고생한 끝에** 지금의 집과 가게를 얻을 수 있었다.

가: 이번에 나온 그 휴대 전화 어때요?

나: 2년이나 **준비한 끝에** 나온 제품이라 그런지 좋아요.

⊙ **명사 다음에 사용할 때는 '끝에'를 사용한다.**

예) 노사는 밤샘 **협상 끝에** 임금 인상에 합의했다.

형사는 **수소문 끝에** 사건의 단서를 찾았다.

⊙ **예전부터 반복적이거나 계속하던 일일 때는 '-던 끝에'를 사용한다.**

예) 그는 오랫동안 **생각하던 끝에** 그녀에게 고백했다.

며칠간 **이야기하던 끝에** 그런 결정을 하게 되었습니다.

그들은 만남과 헤어짐을 **반복하던 끝에** 마침내 결혼하기로 했다.

궁리하다	노사	합의하다	수소문

연습

1. 알맞은 것을 골라 문장을 완성하십시오.

농담	연애	헤매다	조사하다	연구하다

1) 두 사람은 3년 ____________ 드디어 결혼했다.

2) 3시간이나 ____________ 친구가 알려준 가게를 찾았다.

3) 그 사건을 2년이나 ____________ 진실을 밝힐 수 있었다.

4) 우리 연구 팀은 오래 ____________ 새로운 치료법을 찾았다.

5) 두 친구가 ____________ 말다툼이 일어났고, 나중에 주먹까지 휘둘렀다.

2. 다음 대화를 완성하십시오.

1) 가: 어떻게 이 방법을 찾으셨습니까?

나: 5년 동안 이 연구에 ____________ 찾았습니다.

2) 가: 논란이 많던 학과 통합 문제는 어떻게 되었나요?

나: 수많은 ____________ 결국 안 하기로 결정했대요.

3) 가: 우리 선수가 금메달을 땄어요?

나: 네, 어깨 부상에도 불구하고 투혼을 ____________ 금메달을 땄어요.

4) 가: 대학원에 갈지 취직할지 졸업 후 진로에 대해 많이 고심했잖아요? 결정했어요?

나: ____________ 대학원에 가기로 결정했어요.

5) 가: 여러 번 ____________ 나온 샘플입니다. 확인해 주십시오.

나: 상당히 수정한 것 같지만 그래도 제 마음에는 들지 않습니다.

몰두하다	투혼을 발휘하다	고심하다	상당히

3. 알맞은 것을 골라 인터뷰를 완성하십시오.

과로하다	전념하다	기다리다

기　자: 오늘은 5년 동안 태양 전지 개발에 1) ________ 성공한 윤철호 박사님과 이야기를 나눠 보겠습니다.

박사님, 안녕하세요? 우선 새로운 태양 전지 개발하신 것을 축하드립니다.

윤 박사: 감사합니다. 많은 분들이 애타게 2) ________ 드디어 기존 태양 전지보다 가볍고, 배터리 충전 시간을 단축한 태양 전지를 개발했습니다. 이런 전지를 개발해서 저도 기쁘게 생각합니다.

기　자: 이번에 개발하신 태양 전지는 기존 전지와 어떤 면이 다른지 설명해 주시겠습니까?

윤 박사: 이번에 개발한 태양 전지는 기존 전지에 비해 충전 시간도 짧고 흐린 날에도 충전할 수 있는 것이 가장 다른 점이죠.

기　자: 개발하시면서 힘드신 일이 많으셨다고 들었습니다.

가장 힘드셨을 때는 언제셨나요?

윤 박사: 네, 정말 많았죠. 한 번은 실험 결과를 얻기 위해 일주일을 제대로 먹지도 못하고 잠을 설치면서 3) ________ 쓰러졌습니다. 그래서 한 달 동안 병원에 입원한 적이 있었는데 그때가 가장 힘이 들었습니다.

기　자: 저런, 지금은 괜찮으십니까?

윤 박사: 네, 흉터는 좀 남았지만 괜찮습니다.

전지	애타다	거두다	격투	제압하다

4. 다음 글을 읽고 〈보기〉와 같이 기사문을 완성하십시오.

보기

반도체 연구팀, 현재보다 2배 빠른 메모리칩 개발

→ 한 기업의 반도체 연구팀이 현재보다 2배 빠른 메모리칩을 개발했다고 밝혔다. 3년에 걸친 연구 끝에 이와 같은 성과를 거두었다.

1) '묻지마 폭행'을 휘두른 취객, 행인이 격투해 제압

→ 어젯밤 10시 술에 취한 취객이 가게 주인과 손님에게 폭력을 휘둘렀습니다. 마침 이 가게를 지나가던 행인이 십여 분의 ______________ 취객을 제압해 경찰에 넘겼습니다.

2) 가수 김탄, 3년 기다린 팬들과 콘서트 성황리에 마쳐

→ 군에 갔다 온 후 교통사고를 당했던 가수 김탄이 지난 주말 콘서트를 열었다. 팬들은 3년이나 ______________ 돌아온 김탄의 무대에 환호성을 질렀다.

3) 강원도 한 야산에서 산불, 진압 5시간 만에 불길 잡혀

오늘 오전 등산객의 담뱃불로 의심되는 산불이 발생했다. 산불은 바람을 타고 인근 농가까지 번졌다. 출동한 소방차와 소방 헬기가 화재를 5시간가량 ______________ 불길을 잡을 수 있었다.

더 생각해 보기

V-(으)ㄴ 결과

V-(으)ㄴ 나머지

농가　　　진압하다

2 V-아/어 내다

시작하기 전에

- 골키퍼는 부상에도 불구하고 수차례 골을 막아 냈다.
- 그 아이는 어른도 이해하기 힘든 책을 아무렇지 않게 읽어 냈다.

⋯› **어떤 일을 어렵게 이루어 내거나 스스로의 힘으로 끝내 이루어 낼 때 사용한다.**

- 선생님은 어려운 살림에도 딸을 훌륭한 의사로 **길러 냈다**.
- 그는 가족의 헌신으로 위암을 **이겨 내고** 일상으로 돌아왔다.
- 올림픽에 참가한 우리 선수들은 온갖 어려움을 극복하고 금메달을 **따냈다**.
- 화재로 공장이 무너졌지만 직원 모두가 힘을 합하여 제품을 다시 **만들어 냈다**.

가: 옷에 껌이 묻었는데 어떻게 **떼어 내지**?

나: 휘발유 같은 것으로 닦아 내면 돼요.

⊙ **앞에 보통 '마침내', '결국'과 같은 말이 오는 경우가 많다.**

예) 그는 마침내 박사 학위를 **받아 냈다**.

탐험가는 죽을 고비를 넘기고 결국 새로운 대륙을 **발견해 냈다**.

⊙ **'알다', '찾다', '하다', '밝히다' 등의 단어와 사용할 때는 '알아내다', '찾아내다', '해내다', '밝혀내다' 등과 같이 한 단어로 붙여 사용한다.**

예) 형사는 그 사건의 진범을 **찾아냈다**.

김 박사는 오랜 연구 끝에 난치병의 치료 방법을 **알아냈다**.

골키퍼	골	헌신	떼다	휘발유	탐험가
고비	대륙	진범			

연습

1. 알맞은 것을 골라 문장을 완성하십시오.

떼다	견디다	그리다	개발하다	구조하다

1) 119 구조대가 무너진 건물 속에서 많은 사람들을 ________.

2) 그 작품은 1960년대의 시대상을 잘 ________ 작품으로 손꼽힌다.

3) 연구 팀은 여러 번의 시행착오를 겪은 끝에 신약을 ________.

4) 유미는 자신의 꿈을 성취하기 위해 힘든 유학 생활을 ________.

5) 의자를 고치다가 손에 묻은 접착제를 한 시간 만에 겨우 ________.

2. 다음 대화를 완성하십시오.

1) 가: 다음 학기부터 학교 앞에서 혼자 살 거라며?

나: 어, 그런데 부모님의 허락을 ________ 것이 우선이야.

2) 가: 그 자동차 회사에서 전기 자동차 개발에 대해 큰 성과를 거두었다면서요?

나: 네, 오랜 연구 끝에 전기 자동차를 새롭게 ________.

3) 가: 저 친구가 이번에 들어온, 천재라고 불리는 학생이야.

나: 아, 초등학교 때 대학생도 풀기 힘든 문제를 ________ 사람이 저 사람이야?

4) 가: 새로운 아이디어를 많이 ________ 제품 개발에 많은 도움이 됐어.

나: 부족한 아이디어가 제품 개발에 도움이 됐다니 정말 다행이네요.

5) 가: 힘든 생활 속에서 네 꿈을 ________ 정말 대견스럽다.

나: 선생님을 비롯해 많은 분들의 응원이 없었더라면 이루지 못했을 겁니다.

시행착오	접착제	대견스럽다

3. 〈보기〉와 같이 문장을 쓰십시오.

보기

참다

→ 동생은 어른도 참기 힘든 치료를 잘 참아 냈다.

1) 읽다

→ ____________________.

2) 이루다

→ ____________________.

3) 털다

→ ____________________.

4) 기억하다

→ ____________________.

5) 담다

→ ____________________.

4. 알맞은 것을 골라 글을 완성하십시오.

밝히다	찾다	알아내다	분석하다

끈질긴 취재로 진범을 1) ________________ 기자 정신

중앙신문의 김민수 기자는 작년 전국을 떠들썩하게 했던 사기 사건의 진짜 범인이 따로 있다는 사실을 오랜 취재 끝에 2) ________________. 한편, 범인으로 몰려 1년 전에 실형을 선고 받고 교도소에 있던 김○○ 씨는 곧바로 풀려났다. 억울하게 감옥살이를 할 뻔한 김 씨는 출소하면서 지금이라도 진짜 범인이 밝혀지고, 자신의 억울함이 알려져 다행이라고 했다. 김민수 기자는 올해 초 교도소에 갇힌 김 씨를 취재하면서 사건에 의심이 가는 것들이 많아 본격적으로 취재한 결과 이번 달 진범의 결정적인 증거를 3) ________________ 것이다. 무려 200여 명의 피해자들과 인터뷰하고, 1만 건의 통화 기록을 4) ________________ 정신은 본받아야 할 것이다.

더 생각해 보기

V-고 말다

V-아/어 버리다

V-(으)ㄴ 끝에

끈질기다	떠들썩하다	취재	실형	선고받다
감옥살이	출소하다	본격적	본받다	

4

나열 표현

① A/V-(으)ㄴ/는가 하면

② V-(으)랴 V-(으)랴

1 A/V-(으)ㄴ/는가 하면

시작하기 전에

- 여름에 나오는 과일이 있는가 하면 가을에 나오는 과일이 있다.
- 쉬는 시간에 어떤 학생은 공부하는가 하면 어떤 학생은 잠을 잔다.

⋯› **앞 내용과 뒤 내용이 서로 반대가 되거나 대립되는 것을 나열할 때 사용한다.**

- 백화점 물건값이 **비싼가 하면** 의외로 싼 것도 있다.
- 그 가게는 낮에 **한가한가 하면** 저녁에는 손님들로 북적거린다.
- 서울 방면은 길이 **막히는가 하면** 부산 방면은 원활하게 길이 뚫렸다.
- 이번 일을 일부 언론에서는 긍정적으로 **평가하는가 하면** 일부에서는 부정적으로 평가하고 있다.

가: 몸에 좋다고 해서 이 약을 먹었는데 저는 왜 효과가 없죠?

나: 그 약이 잘 맞는 사람이 **있는가 하면** 그렇지 않은 사람도 있대요.

⊙ **앞의 내용에 사실이나 상황을 덧붙여 나열할 때도 사용한다.**

예) 그 기업은 연구 개발에 **투자하는가 하면** 능력 있는 인재를 채용하는 데도 적극적이다.

놀이공원에 도착하자 어떤 학생은 놀이기구를 **타는가 하면** 어떤 학생은 동물원을 구경하기도 했다.

북적거리다　　방면

연습

1. 알맞은 것을 골라 문장을 완성하십시오.

키우다	분주하다	사로잡다	선정하다	화려하다

1) 부엌에서는 잔치 음식 준비로 ______________ 마당은 아직 한가했다.

2) 그 마을의 전통 의상은 장식이 많고 ______________ 신발은 단순하고 소박했다.

3) 그 회사는 사업 규모를 ______________ 능력 있는 전문가들도 적극적으로 영입했다.

4) 마술사는 신기한 마술로 관중의 시선을 ______________ 재밌는 말로 관중을 즐겁게 했다.

5) 입찰 과정에서 특정 업체가 추천하는 심사의원을 ______________ 입찰 조건을 낮추는 편법을 쓰기도 했다.

2. 〈보기〉와 같이 연결하고 문장을 완성하십시오.

보기
인생이 고달프다 ———— 행복할 때도 있다
인생이 고달픈가 하면 행복할 때도 있다.

1) 한국어 공부를 하다 보면 어려운 문법이 있다 •		• 잠실은 비가 내릴 때도 있다
2) 그 소설은 예술성이 높다는 평가를 받다 •		• 짧아도 내용이 알찬 답안지가 있다
3) 같은 서울이라도 종로는 맑다 •		• 평소보다 못할 때가 있다
4) 가게의 수입이 좋은 날이 있다 •		• 쉬운 문법도 있다
5) 내용을 쓸데없이 길게 작성한 답안지가 있다 •		• 현실성이 떨어진다는 평가를 받기도 하다

분주하다	사로잡다	입찰	편법	고달프다

1) .

2) .

3) .

4) .

5) .

3. 다음 대화를 완성하십시오.

1) 가: 고민이 생겼을 때 청소년들은 대개 어떻게 해결하려고 하나요?

나: 부모님이나 선생님에게 도움을 요청하는 사람이 대개는 친구와 얘기하거나 자기 스스로 해결하려는 사람이 대부분이죠.

2) 가: 첫 수업을 해 보셨는데 학생들 반응은 어땠어요?

나: 글쎄요. 어떤 학생들은 내용이 쉽다며 잘 내용이 어렵다며 다시 설명해 달라고 하는 학생들도 있었어요.

3) 가: 어제 크리스마스 파티는 어땠어요? 재미있었어요?

나: 네. 재미있었어요. 한쪽에서는 조용히 이야기를 다른 한쪽에서는 시끄럽게 게임을 즐겼어요.

4) 가: 초등학생처럼 어린 학생들은 휴대 전화로 주로 무엇을 하나요?

나: 보통 인터넷을 게임을 하기도 해.

5) 가: 동네에 하수 처리 시설이 들어온다고 떠들썩하네요. 마을 사람들 반응은 어떤가요?

나: 한쪽에서는 하수 처리 시설이 들어오면 보상금을 받을 수 있다고 대부분은 집값이 떨어진다고 반대하는 경우도 많죠.

대개

4. 다음 글을 완성하십시오.

적응하다　　떠나다　　있다

'쇼생크 탈출'을 보고 나서

사람들은 흔히 여행을 몇 달 전부터 계획하고 1) ________ 또 즉흥적으로 떠나기도 한다. 영화도 마찬가지이다. 좋아하는 배우나 감독의 작품이 개봉하는 것을 미리 기사로 보고 예매해 보기도 하지만 갑자기 시간이 나거나 극장 앞을 우연히 지나가다 시간을 보내기 위해 영화를 보기도 한다. 20여 년 전 대학교 1학년 때 우연히 보게 된 이 영화는 세월이 지났어도 여전히 내 인생 최고의 영화로 기억된다. 매일같이 봐도 큰 인상이 없는 사람이 2) ________ 한 번 만났어도 강렬하게 기억되는 사람처럼 이 영화는 그때 본 감정이 생생히 기억난다. 억울하게 감옥살이를 한 앤디는 낯설고 어두운 환경에서 서서히 적응해 레딩이라는 멋진 친구를 사귀기도 한다. 감옥살이에 적응한 것처럼 보이지만 자유를 갈망하던 앤디는 오랜 시간 탈옥을 계획하고 실천에 옮긴다. 우리는 영화의 다른 장기 수감자처럼 교도소에 3) ________ 앤디처럼 적응을 거부하고 꿈을 찾을 수도 있다. 당신은 지금의 현실에 그대로 적응할 것인가 아니면 자신이 꿈꾸는 현실로 바꿀 것인가?

더 생각해 보기

A/V-(으)ㄴ/는 반면에

즉흥적　　강렬하다　　생생히　　갈망하다　　탈옥　　수감자

2 V-(으)랴 V-(으)랴

시작하기 전에

- 집에 오자 청소하랴 빨래하랴 잠시도 쉴 시간이 없었다.
- 오전에는 수업 들으랴 오후에는 아르바이트 하랴 힘이 들었다.

⋯› **여러 가지 일을 모두 하고자 할 때 사용한다. 나열하는 일을 하느라 바쁘고 정신없는 상태일 때 사용한다.**

- 커피숍 직원은 커피 주문을 **받으랴** 계산을 **하랴** 바쁘다.
- 성주는 아프신 할머니 **간병하랴** 동생들 **보살피랴** 쉴 틈이 없었다.
- 남자는 결혼하려면 살 집을 **구하랴** 예식장 **예약하랴** 돈 들어갈 데가 많다.
- 지수는 여행 가기 전 여행 **준비하랴** 밀린 집안일 **하랴** 정신이 하나도 없었다.

가: 지난주는 뭐가 그렇게 바쁘셨어요?
나: 지난주에 외부 강의가 있었어요. 그리고 수요일이 논문 마감일이었어요.
강의 **준비하랴** 논문 **쓰랴** 정신이 하나도 없었죠.

연습

1. 〈보기〉와 같이 한 문장으로 만드십시오.

> **보기** 맞벌이하는 주부는 낮에 회사에 다니다 / 밤에는 아이를 돌보다 / 쉴 시간이 없다
> → 맞벌이하는 주부는 낮에 회사에 다니랴 밤에는 아이를 돌보랴 쉴 시간이 없다.

1) 왕명은 한국에 처음 와서 낯선 생활에 적응하다 / 한국어를 배우다 / 정신이 없다.

→ ______________________________.

2) 처음으로 이사할 때 이삿짐을 나르다 / 새집을 청소하다 / 정신이 하나도 없다.

→ ____.

3) 처음 운전할 때 정면을 보다 / 사이드 미러를 보다 / 정신을 차릴 수 없다.

→ ____.

4) 가수 지훈 씨는 오전에 광고 촬영하다 / 오후에는 방송 출연하다 / 눈코 뜰 새 없이 바쁘다.

→ ____.

5) 국회의원에 출마한 아버지는 시장을 찾아가다 / 노인정을 방문하다 / 몸이 두 개라도 모자랄 정도로 바쁘다.

→ ____.

2. 〈보기〉와 같이 연결하고 문장을 완성하십시오.

> **보기**
> 신입 사원 때는 상사 심부름하다 ———— 업무 파악하다
> 신입 사원 때는 상사 심부름하랴 업무 파악하랴 편히 쉴 수가 없다.

1) 집 안을 청소하다	•	•	퇴근 후에는 아이를 돌보다
2) 하루 종일 훈련하다	•	•	사람을 구하다
3) 자식들 공부시키다	•	•	음식을 준비하다
4) 화재를 진압하다	•	•	결혼시키다
5) 낮에는 회사 업무를 보다	•	•	체중 조절하다

나르다	사이드 미러	노인정	파악하다	몸이 두 개라도 모자라다

1) ______________________________.

2) ______________________________.

3) ______________________________.

4) ______________________________.

5) ______________________________.

3. 다음 〈보기〉에서 알맞은 것을 골라 '-(으)랴 -(으)랴'를 사용해 글을 완성하십시오.

보기

준비하다 / 안전에 신경 쓰다	교육시키다 / 비행 준비하다
아이를 깨우다 / 아내 아침밥 챙기다	청소하다 / 빨래하다

그의 다른 이름은 슈퍼맨!

두 아이를 둔 김지훈 씨의 아침은 마치 전쟁터와 같다. 늦잠을 자려는 1) ______________ 정신이 하나도 없다. (아내가 먼저 출근한 후) 두 아이를 초등학교와 어린이집에 보낸 지훈 씨는 아이들이 남긴 밥으로 아침을 때우고 본격적으로 집안일을 시작한다. 2) ______________ 허리를 제대로 펼 시간도 없이 바쁘게 집안일을 끝낸다. 샤워를 하며 화장실 청소까지 끝내면 그는 출근 준비를 한다.

12시가 다 되어서 집을 나와 공항버스를 탄다. 그의 직업은 비행기 승무원. 오늘은 제주도를 왕복하는 국내선에 배정되었다. 비행 전 사무실에서 새로 배정된 신입 승무원 3) ______________ 정신이 없지만 실수하지 않으려고 메모를 생활화했다. 비행기가 이륙하면 아침과는 다른 전쟁터다. 승객들 음식을 4) ______________ 잠시도 쉴 틈이 없다. 하지만 오늘도 집과 직장에서 완벽하게 일하는 그의 또 다른 이름은 슈퍼맨이다.

허리를 펴다	배정되다	메모를 생활화하다	이륙하다

5

당연/당위 표현

① A/V-(으)ㄹ 수밖에 없다

1 A/V-(으)ㄹ 수밖에 없다

시작하기 전에

- 그는 우산을 두고 나와서 비를 맞을 수밖에 없었다.
- 식당에서 계산을 하려는데 카드가 안 돼서 현금으로 낼 수밖에 없었다.

···› 어떤 일 외에는 다른 방법이나 가능성이 없을 때 사용한다. 그리고 여러 가지 상황으로 봐서 그런 결과가 나오는 것이 당연하다는 것을 나타낼 때도 사용한다.

- 지하철이 끊겨서 택시를 **탈 수밖에 없었다.**
- 비가 생각보다 많이 내려서 산에 가려는 계획을 **취소할 수밖에 없다.**
- 집 열쇠가 없어서 어머니가 오실 때까지 밖에서 **기다릴 수밖에 없었다.**
- 유미는 성격이 밝고 다른 사람을 잘 도와 줘서 반에서 인기가 **많을 수밖에 없다.**

가: 왜 도서관 입구가 막혀 있어?

나: 바닥 공사 때문에 당분간 입구를 **막을 수밖에 없대.**

⊙ **당연한 결과를 나타내는 경우 '당연히', '반드시'와 같이 쓸 때가 많다.**

예) 늦게 일어나니까 당연히 **지각할 수밖에 없다.**

그렇게 노력했으니 반드시 **성공할 수밖에 없다.**

⊙ **'V -는 수가 있다'와 'V -는/을 수도 있다' 는 'V -을 수밖에 없다'와는 반대로 다른 대안이나 방법을 제시할 때 사용한다.**

예) 친구를 자꾸 괴롭히면 선생님께 **말씀드리는 수가 있어.**

지하철이 끊기면 택시를 **탈 수도 있으니까** 걱정하지 마.

연습

1. 알맞은 것을 골라 문장을 완성하십시오.

돌보다	당황하다	서두르다	취소되다	취업하다

1) 그는 돈이 필요해 졸업하자마자 ______________.

2) 기차 출발 시간이 한 시간도 남지 않아서 ______________.

3) 내일은 비가 많이 내린다니까 야외 공연은 ______________.

4) 처음 만난 사람이 나에게 반말을 해서 ______________.

5) 어미 개가 아프니 아직 눈도 뜨지 않은 강아지를 내가 ______________.

2. 다음 대화를 완성하십시오.

1) 가: 맘고생 시킨 아드님이 대학에 합격해서 좋으시겠어요.

   나: 네, 늘 말썽만 피우던 아들이었는데 합격해서 ______________.

2) 가: 이 제품의 설명서는 굉장히 두껍네요.

   나: 네, 제품에 기능이 많아서 설명서가 ______________.

3) 가: 왕명 씨가 이사할 때 도와달라고 했는데 안 들어 줬다면서요?

   나: 발표 준비로 너무 바빠서 ______________.

4) 가: 유미 씨 언니가 그렇게 집안일을 잘한다던데 사실이에요?

   나: 네, 제가 덤벙거려서 언니가 ______________.

5) 가: 어제는 왜 부장님한테 혼이 난 거예요?

   나: 제가 요즘 자주 지각하고 서류를 제때 제출 못 해 ______________.

맘고생 시키다	말썽을 피우다	덤벙거리다

3. 그림을 보고 〈보기〉처럼 문장을 완성하십시오.

보기

지구 온난화를 막기 위해서
<u>쓰레기 분리수거를 할 수밖에 없다.</u>

1) 

연휴라서 고속도로가 ____________________
____________________________________.

2) 

그 여자가 너무 예뻐서 한눈에 ____________________
____________________________________.

3) 

처음 만난 자리에서 나이를 물어보니까 ____________________
____________________________________.

4) 

건강검진 결과가 나오는 날이라 ____________________
____________________________________.

5) 

갑자기 노트북 화면이 이상해져서 ____________________
____________________________________.

4. 〈보기〉에서 알맞은 표현을 골라 이야기를 완성하십시오.

보기

먹을 수밖에 없다
먹을 수도 있다
먹을 수 없다

처음 한국에 왔을 때는 한국 음식을 거의 1) ______________. 내 입맛에는 모든 한국 음식이 맵고 짜게 느껴졌기 때문이었다. 그래서 한 달 동안은 빵과 우유만 먹은 것 같다. 하지만 빵과 우유만 먹고 지내기에는 싫증도 나고 한국에서 최소 3년 이상을 살아야 해서 한국 음식을 2) ______________. 한국 친구들에게 맵지 않은 음식들을 추천해 달라고 했다. 친구들은 불고기, 잡채 등을 소개해 줬고 먹어 보니 맛도 괜찮았다. 요즘은 한국 음식을 먹지 못하면 밥을 안 먹은 것 같은 느낌이 든다. 지금은 웬만한 한국 음식은 다 먹는다. 하지만 아직도 순대는 잘 먹지 못한다. 친구들과 소주를 많이 마시면 3) ______________ 무슨 맛인지 아직은 잘 모르겠다. 그 외 한국 음식은 이제 잘 먹게 되었다. 고향에 돌아가면 한국 음식이 정말 많이 생각날 것 같다.

더 생각해 보기

A/V-(으)ㄹ 게 틀림없다

싫증 웬만하다

6

대조/반대 표현

① A/V-건마는 // N(이)건마는

1 A/V-건마는

시작하기 전에

- 그는 열심히 공부하건마는 성적이 좋지 않다.
- 아버지가 반대했건마는 동생은 자퇴를 하고 말았다.

→ **앞에 오는 내용과 반대되는 결과나 예상과 다른 결과가 뒤에 일어날 때 사용한다.**

- 가방이 마음에 **들건마는** 너무 비싸서 못 사겠다.
- 그렇게 열심히 **일했건마는** 월급을 제때 받지 못했다.
- 어머니께서는 몸도 안 **좋으시건마는** 우리를 기차역까지 데려다주셨다.
- 밥 먹을 새도 없이 **바쁘건마는** 지수는 아픈 아버지 걱정에 수시로 집에 전화했다.
- 그는 가난한 **학생이건마는** 남을 돕는 일에는 주저하지 않았다.

가: 리포트는 다 끝냈어?

나: 아니, 밤을 꼬박 **새웠건마는** 아직도 반이나 남았어.

⊙ **'-건마는'이 의지나 추측의 의미를 나타낼 때에는 '-겠건마는'을 사용한다.**

예) 그때 출발했으면 벌써 **도착했겠건마는** 아직도 오지 않았다.

그 소식을 들으면 부모님께서 **기뻐하시겠건마는** 연락이 안 된다.

학교생활에 대해 나에게 물어보면 알려주겠건마는 아무도 물어보지 않는다.

⊙ **주로 글을 쓸 때 사용하며 '-건마는'을 줄여서 '-건만'으로도 사용할 수도 있다.**

예) 그는 열심히 **공부하건마는** 성적이 좋지 않다.

= 그는 열심히 **공부하건만** 성적이 좋지 않다.

수시로	주저하다	꼬박

연습

1. 알맞은 것을 골라 문장을 완성하십시오.

없다	말리다	넘치다	암기하다	부자이다

1) 진나는 노래 실력이 ________________ 노래 대회에 출전했다.

2) 성주는 옷장에 옷이 ________________ 입을 옷이 없다며 옷을 또 샀다.

3) 그는 ________________ 남을 돕는 일에는 매우 인색해 평판이 좋지 않다.

4) 어머니가 그렇게 ________________ 아버지는 기어코 낚시하러 나가시고 말았다.

5) 이틀 동안 단어를 ________________ 단어 시험이 시작되자 머릿속이 하얘졌다.

2. 〈보기〉와 같이 연결하고 문장을 완성하십시오.

보기

이모는 집이 두 채나 있다 ———— 어머니께 살기 힘들다고 하소연을 하다

이모는 집이 두 채나 있건마는 어머니께 살기 힘들다고 하소연을 했다.

1) 주위에 아는 사람이 많다	•	•	정부는 뚜렷한 대책을 내세우지 못하다
2) 세월이 많이 흐르다	•	•	믿을 사람은 하나도 없다
3) 자신에게 이로울 게 없다	•	•	자신을 위해 쓰는 돈은 별로 없다
4) 계속 휘발유 가격이 오르다	•	•	그와 함께한 추억은 어제처럼 선명하다
5) 자식을 위해 쓰는 돈은 아낌없이 쓰다	•	•	그는 남을 돕는 데는 주저함이 없다

넘치다	인색하다	평판	기어코	하소연	이롭다

1) ______________________________.

2) ______________________________.

3) ______________________________.

4) ______________________________.

5) ______________________________.

3. 다음 대화를 완성하십시오.

1) 가: 유학을 가고 싶어 하더니 왜 안 갔어요?

나: 정말 가고 ______________ 가정 형편 때문에 갈 수 없었어요.

2) 가: 저 사람 보면 참 안타까워. 재능은 뛰어난 것 같은데 왜 성공하지 못하는 거지?

나: 재능이 ______________ 재능을 꽃피울 곳을 아직 못 만난거지.

3) 가: 회사 그만두신 김 부장님 생각하면 회사 다니는 게 허무하다는 생각이 들어. 회사에 그렇게 많이 기여하셨는데 말이야.

나: 그러게 말이야. 20년을 회사 발전에 ______________ 그렇게 떠나실 줄이야.

4) 가: 늦은 나이에 영어를 공부하면서 가장 힘드신 것은 뭐예요?

나: 단어요. 같은 단어를 몇 번씩 ______________ 도무지 외워지지 않네요.

5) 가: 요즘 부쩍 피곤해 보여. 어디 안 좋아?

나: 나이는 못 속이나 봐. 마음은 ______________ 몸은 50대 그대로네.

허무하다	기여하다	도무지

4. 다음의 메시지 대화를 보고 두 사람의 진짜 속마음을 완성하십시오.

지훈이는 친구가 소개해 준 유미와 3번째 데이트를 했다. 지훈이는 이번에도 자기만 데이트 비용을 모두 내서 기분이 좋지 않았다. 유미는 지훈이가 좋아하는 머리 모양으로 머리를 바꿨는데 지훈이가 알아주지 못해 섭섭했다. 그리고 명동 거리에서 본 목걸이를 그냥 예쁘다고 말했는데 지훈이가 목걸이까지 선물해서 부담스러웠다.

〈보기〉

잘 들어갔어요? 오늘 즐거웠어요?^^

네, 지금 막 들어왔어요. 저도 오늘 즐거웠어요~

(1) 목걸이가 잘 어울렸어요.
맘에 들죠?

(2) 아, 네. 고마워요.

그럼 피곤할 테니 쉬세요.

(3) 네, 지훈 씨도 쉬세요.

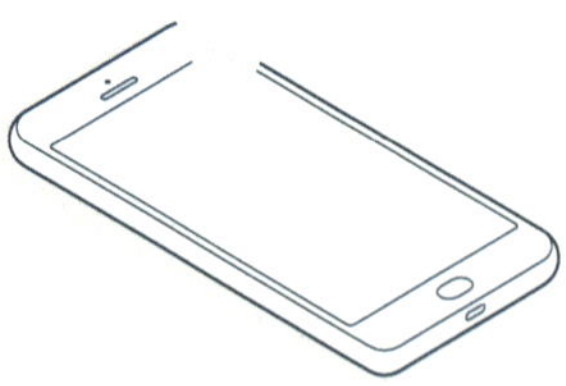

보기

* 지훈의 속마음: 오늘은 내가 계산했건만 고맙다는 말도 없네.
* 유미의 속마음: 단정한 머리가 좋다고 해서 머리 모양을 바꿨건만 예쁘다는 말도 없고, 어휴 답답해!

1) 지나가다 길거리에서 파는 목걸이 예쁘다고 해서 ________________ 이 반응은 또 뭐야?

2) 그냥 한번 해 본 ________________ 그 목걸이를 사주는 건 또 뭐야?

3) 낭만이 없으면 눈치라도 있으면 ________________ 끝까지 머리 모양 예쁘다고는 안 하네.

7

명사화 표현

① A/V-(으)ㄴ/는 데
① V-(으)ㄴ/는 바

1 A/V-(으)ㄴ/는 데

시작하기 전에

- 한국에 온 지 6개월이 되었지만 학교 외에는 가본 데가 없다.
- 그 모임에 나가는 것은 다른 일보다 사람들을 사귀는 데 목적이 있었다.

⋯› **앞에 오는 말이 가리키는 장소나 일, 상황, 사실 등을 나타낼 때 사용한다.**

- 지금 사는 곳은 너무 멀어서 회사와 **가까운 데**로 이사하려고 한다.
- 이 책은 아시아의 문화와 역사를 **이해하는 데** 큰 도움이 될 것이다.
- 지수는 프랑스로 유학을 가기 전까지 프랑스어를 **배우는 데**만 열중했다.
- 집에서 반려동물을 **키우는 데**에 생각보다 많은 돈과 시간이 들어 고민이다.

가: 혹시 배 **아픈 데** 먹는 약 있어?

나: 아니, 없는데. 학교에 가는 길에 약국에 들러 약을 사자.

⊙ **'-는 데'와 비슷한 형태이지만 '-는데'는 '대조나 배경 설명' 등을 나타날 때 사용한다.**

예) 차가 **뜨거운데** 금방 식으니까 곧 마실 수 있을 거야.

이 옷은 **예쁜데** 두꺼워서 날이 추울 때나 입어야겠다.

열중하다

연습

1. 알맞은 것을 골라 문장을 완성하십시오.

오르다	만들다	익히다	해소하다	개발하다

1) 곶감은 수정과를 ____________ 꼭 필요한 재료이다.

2) 이사한 동네의 지리를 ____________ 오랜 시간이 걸리지 않았다.

3) 연구진은 새로운 반도체를 ____________ 최선을 다하겠다고 밝혔다.

4) 기나긴 임금 협상 끝에 올해 월급이 지난해보다 3% ____________ 그쳤다.

5) 노사 갈등을 ____________ 우선 필요한 것은 상대방 입장에서 생각하는 것이다.

2. 〈보기〉와 같이 한 문장으로 만드십시오.

> **보기**
> 일상생활이 가능하다 / 외국어 실력을 갖추다 / 적어도 1년 정도의 시간이 필요하다
> → 일상생활이 가능한 외국어 실력을 갖추는 데 적어도 1년 정도의 시간이 필요했다.

1) 마트의 강제 휴무일 / 재래시장을 되살리다 / 목적이 있다

→ ____.

2) 식사 전 손 씻기 / 감기를 예방하다 / 큰 도움이 되다

→ ____.

3) 이번 정상 회의 / 세계 기후 변화를 파악하다 / 중점을 두다

→ ____.

4) 바자회 수익금 / 독거노인들을 돕다 / 사용될 계획이다

→ ____.

5) 유학생 왕명 / 자기 생각을 한국어로 전달하다 / 어려움이 없다

→ ____.

기나길다	강제 휴무일	중점	수익금	독거노인

3. 다음을 읽고 (   )에 알맞은 것을 고르십시오.

1) 정부와 재계는 최저 임금을 (올리는데, 올리는 데) 합의했다.

2) 가벼운 운동은 스트레스를 (해소하는데, 해소하는 데) 도움이 된다.

3) 고양이와 강아지를 같이 (키우는데, 키우는 데) 아직까지 서로 싸운 적이 없다.

4) 혈액형이 사람의 성격을 (파악하는데, 파악하는 데) 반드시 필요한 정보는 아니다.

5) 조용히 TV를 (보고 싶은데, 보고 싶은 데) 동생이 자꾸 말을 시켜서 짜증이 났다.

4. 〈보기〉와 같이 기사문을 완성하십시오.

> **보기** 너무 조용하면 오히려 공부하기 어렵다
> → 우리는 보통 집중력을 높이기 위한 방법으로 가장 먼저 조용한 환경을 떠올린다. 하지만 최근 한 연구 결과 소음이 없는 것이 오히려 공부하는 데 방해가 된다는 결과가 나와 흥미를 끌고 있다.

1) 지방 대학 농업 관련 학과 개설로 미래 농촌 인재를 양성하다

→ 한 지방 대학에서 갈수록 수도권으로 지방 인재들이 진출하는 것을 막고 젊은 농촌을 만들기 위해 농업 관련 학과를 개설했다. 새로운 학과를 만든 김민수 교수는 농업 학과 개설이 지역 경제의 활성화에 크게 기여하고 인재를 ____________에 목표를 두고 있다고 밝혔다.

2) 예술 영화 배급사의 숨은 노력이 예술 영화 관객 수 늘려…

→ 한국 영화 시장에서 최근 눈에 띄는 것은 다양성 영화 시장이 조금씩 넓어지고 있다는 점이다. 다양성 영화가 작년보다 무려 85편이 늘었다. 이는 지난 8년간 수준 높은 예술 영화를 꾸준히 수입한 예술 영화 배급사의 노력이 예술 영화 관객 수를 ____________ 한몫을 한 결과이다.

3) 사고력과 집중력 키우는 디스크 골프… 장애인 스포츠로 각광

→ 골프공과 골프채를 쓰지 않고 원반을 던져서 하는 '디스크 골프'라는 종목이 있다. 이 스포츠는 지적 장애 청소년들에게 성취감과 집중력, 사고력을 ____________ 큰 도움이 돼, 7년 전부터 장애인 학생 체전 정식 종목으로 채택되어 운영되고 있다.

재계	말을 시키다	개설하다	양성하다	배급사	각광
채택되다	한몫하다	원반	지적 장애	체전	

2 V-(으)ㄴ/는 바

시작하기 전에

- 그 소문에 대하여 들은 바가 없다.
- 이 영화를 보고 친구와의 우정에 대하여 느낀 바가 많다.

···› **앞에서 말한 내용 전체나 일 등을 나타낼 때 사용한다.**

- 김 박사님은 과학 발전에 **공헌하신 바**가 크다.
- 이 곤충에 대해서는 아직 자세히 **연구된 바**가 없다.
- 발표를 듣고 자신이 **생각하는 바**와 무엇이 다른지 이야기해 봅시다.
- 박 선생님은 평소에도 자기가 알고 **믿는 바**를 실천하시면서 생활하신다.

가: 시장 조사 결과는 어떻게 나왔죠?

나: 네, **조사한 바**에 따르면 향후 5년 동안은 꾸준히 성장할 것으로 나타났습니다.

⊙ **'V-(으)ㄴ 바가 있다/없다'로 사용할 때는 과거에 그런 일을 한 적이 있거나 없음을 말할 때 사용한다.**

예) 그에게 작년 이후로 **연락한 바가 없다.**

김 교수가 기존 학설과 다른 주장을 **한 바가 있다.**

⊙ **'몸 둘 바를 모르다', '어찌할 바를 모르다', '할 바를 다하다'의 형태로 사용할 때는 매우 기쁘거나 고마운 상황, 당황스럽거나 미안한 상황에 대한 감정을 강조할 때 사용한다.**

예) 선생님의 칭찬에 **몸 둘 바**를 모르겠다.

그는 갑작스러운 질문에 **어찌할 바**를 몰라 했다.

선수단은 **노력할 바**를 다했으니 결과는 하늘의 뜻에 맡기자고 했다.

공헌하다	향후	학설

⊙ **다음처럼 'V-(으)ㄴ바'를 붙여 사용하는 경우는 뒤에 어떤 사실을 말하려고 그와 관계되는 배경이나 근거 따위를 제시할 때 사용한다.**

예) 이 사건을 정밀하게 **조사한바** 몇 가지 이상한 점이 발견되었다.

소문의 진상을 **들은바** 모두 사실이 아닌 거짓으로 드러났다.

연습

1. 알맞은 것을 골라 문장을 완성하십시오.

쌓다	겪다	밝혀지다	의도하다	결정되다

1) 누가 주차된 자동차의 유리를 깼는지 아직 ________ 가 없다.

2) 그가 콘서트 무대에서 한 행동은 절대 ________ 가 아니라고 말했다.

3) 그녀는 연극과 영화, 뮤지컬 등에서 폭넓은 연기 경력을 ________ 있다.

4) 세금 인상에 대해 정부는 아직 ________ 가 없다는 발표만 하고 있다.

5) 그녀는 길에서 괴한에게 습격을 당한 뒤 가방까지 뺏기는 곤란을 ________ 있었다.

정밀하다	진상	의도하다	폭넓다	괴한	습격

2. 관계있는 것을 연결하고 〈보기〉에서 알맞은 표현을 골라 문장을 만드십시오.

보기

-는 바가	-는 바에 대해	-는 바가 있으므로
-는 바를	-는 바에 의하면	

1) 정부는 금리 인상에 대해 확정되다 •	• 재미있고 감동적인 동영상을 제작하다
2) 한 대형 마트에서 조사하다 •	• 없다고 발표하다
3) 민수 씨는 중국에서 5년간 일하다 •	• 지난해 여름보다 맥주 소비가 늘었다고 하다
4) 누가 뭐라고 해도 자신이 주장하다 •	• 중국 담당자 책임자를 맡다
5) 진나는 경주를 여행하고 느끼다 •	• 끝까지 지켜나가는 그녀의 모습이 멋지다

1) ______________________.

2) ______________________.

3) ______________________.

4) ______________________.

5) ______________________.

3. 알맞은 것을 골라 문장을 완성하십시오.

어찌할 바를 모르다	할 바를 다하다
내 알 바가 아니다	몸 둘 바를 모르다

1) 그 선수는 자신이 ______________ 마지막 선수의 결과를 기다렸다.

2) 성주는 발표가 끝나고 칭찬이 계속 이어지자 ______________ 했다.

3) 불길이 더욱 거세지자 그녀는 ______________ 발만 동동 굴렀다.

4) 사장이 교체된다는 말에 사원 대부분은 ______________ 태도를 고수했다.

4. 알맞은 것을 골라 글을 완성하십시오.

갈등을 빚다	지시하다	우승하다	시선을 모으다	확정되다

왕명 씨는 한국에서 성공한 대표적인 외국 출신 프로게이머이다. 왕명 씨는 초등학교 6학년 때부터 게임을 시작해 한국에 오기 5년 전부터 게임 대회에 계속 나가 1) ________ 있다. 각종 게임 대회에서 우승을 차지했지만 부모님과는 문제가 많았다.

왕명 씨 부모님도 하나밖에 없는 아들이 매일 컴퓨터 게임에만 빠져 있는 것이 싫었다. 게임을 할 때마다 불같이 화를 내시기도 하고 좋은 말로 설득도 했지만 그의 게임에 대한 열정은 쉽게 꺽지는 못했다. 그래서 한국에 오기 전까지 부모님과 2) ________ 있었다고 한다. 처음에 한국에서는 그의 독특한 헤어스타일로 사람들의 3) ________ 있었다. 하지만 튀는 개성만큼 실력이 좋지 않아 사람들의 관심으로부터 멀어져 갔다. 그러다가 재작년 김 감독 밑에서 연습하면서 실력이 눈에 띄게 좋아졌다. 팀 선수들과 정해진 연습 시간 외에 왕명 씨는 개인적으로 더 훈련하며 연습했다. 김 감독은 선수들에게 개인 훈련에 대해 구체적으로 4) ________ 없다고 밝혔다. 그렇지만 왕명 씨는 자는 시간을 아끼며 훈련했고, 작년 말부터 승리해 올해 3월까지 23연승이라는 역대 개인 최다 연승을 기록했다. 그의 뛰어난 실력에 인기도 날로 높아져 최근 중국 드라마 출연 제안을 받았다고 한다. 하지만 드라마 출연은 아직까지 고려 중이며 출연이 5) ________ 없다고 말했다.

거세지다	불길	동동	구르다	고수하다
갈등을 빚다	튀다	지시하다	확정되다	

8

상황/기준 표현

① A/V-(으)ㄴ/는 가운데

① A/V-(으)ㄴ/는 마당에

1 A/V-(으)ㄴ/는 가운데

시작하기 전에

- 오늘은 비가 오는 가운데 바람도 많이 불 전망입니다.
- 바쁘신 가운데 저희 결혼식에 참석해 주셔서 감사합니다.

···› **앞의 상황이나 상태가 계속되는 중에 뒤의 내용이 일어날 때 사용한다.**

- 모든 사람들이 **지켜보는 가운데** 공연이 시작되었다.
- 학부모와 학생들이 **참석한 가운데** 입학식이 열릴 것이다.
- 국가가 **연주되는 가운데** 선수들은 눈물을 흘리며 기뻐했다.
- 무더운 날씨가 **계속되는 가운데** 식중독으로 병원을 찾는 사람이 많아지고 있다.

가: 유학 생활을 하면서 친구들은 좀 사귀었니?

나: 네, 유학 생활을 **하는 가운데** 좋은 친구들을 사귀었어요.

⊙ **앞의 내용과 뒤의 내용이 반대되는 상황을 강조할 때는 '-에도', '-에서도' 등을 붙여 사용한다.**

예) 비가 **오는 가운데에도** 축구 경기는 시작했다.

상황이 **위급한 가운데에서도** 그는 침착하게 빠져 나왔다.

국가 위급하다 침착하다

연습

1. 〈보기〉와 같이 연결하고 문장을 완성하십시오.

> **보기** 그가 출연한 새 드라마에 관심이 높아지다 ——— 오늘 첫 회가 시작되다
> 그가 출연한 새 드라마에 관심이 높아지는 가운데 오늘 첫 회가 시작된다.

1) 추석이 다가오다	•	•	마을 회의가 열리다
2) 여러 사람이 모이다	•	•	콘서트의 막이 오르다
3) 관객의 열기가 뜨겁다	•	•	여권을 재발급 받다
4) 양 팀 선수들의 부상으로 긴장이 고조되다	•	•	시장 물가가 불안해지다
5) 해외여행을 준비하다	•	•	후반전이 시작되다

1) ______________________________.

2) ______________________________.

3) ______________________________.

4) ______________________________.

5) ______________________________.

2. 다음 대화를 완성하십시오.

1) 가: 좋은 해결 방법이 나올까요?

나: 여러 사람이 모여서 회의가 __________ 괜찮은 의견이 나올 거예요.

2) 가: 김 기자, 현장 소식을 전해 주시죠.

나: 네, 많은 관중들이 __________ 지금 막 경기가 시작됐습니다.

고조되다

3) 가: 국제 유가가 ________________ 생필품 가격도 인상되고 있다지요?

나: 네, 그렇습니다. 국제 유가 상승이 국내 물가 상승으로 이어지고 있습니다.

4) 가: 내일 야유회 가는데 날씨가 흐리다지요?

나: 네, 일기 예보를 보니 날이 ________________ 비가 올 수도 있다고 하네요.

5) 가: 모든 사람들의 관심이 ________________ 경기가 막바지에 이르고 있습니다.

나: 네, 이 경기로 금메달과 은메달이 결정되니 사람들의 관심이 정말 높습니다.

3. 알맞은 것을 골라 인터뷰를 완성하십시오.

예상되다	감소하다	바쁘다	주고받다	앞두다

기자: 안녕하세요? 우선 1) ________________ 인터뷰에 응해 주셔서 감사합니다.

교장: 아닙니다. 저희 학교를 취재해 주셔서 감사합니다.

기자: 올해가 중앙 중학교 개교 100주년이 되는 해입니다. 감회가 남다르실 것 같습니다.

교장: 그렇습니다. 학교가 100주년인 동시에 제가 교편을 내려놓게 되어 더 남다른 것 같습니다. 다음 주 학교 개교 100년 기념식을 2) ________________ 중앙 중학교 모든 구성원들이 하나가 되어 행사 준비에 여념이 없습니다.

기자: 선생님께서 올해 퇴임하시는군요. 그동안 이 학교에서 쭉 근무하셨는데 근무하시면서 힘드신 때는 언제였습니까?

교장: 신입생이 감소하기 시작한 1년 전이 가장 힘든 시기였던 것 같습니다.

기자: 신입생이 3) ________________ 1년을 보내오셨는데 어떻게 극복하셨습니까?

교장: 학생, 학부모, 선생님들이 서로 도움을 4) ________________ 위기를 극복할 수 있었습니다.

기자: 다른 학교들도 중앙 중학교처럼 갈수록 신입생이 감소할 것이라고 5) ________________ 위기를 극복한 좋은 본보기로 볼 수 있을 것 같습니다.

막바지에 이르다	감회	교편을 내려놓다	여념이 없다	본보기

2 A/V-(으)ㄴ/는 마당에

시작하기 전에

- 시험에 떨어진 마당에 밥이 넘어가겠어요?
- 행사 준비로 바쁜 마당에 계속 회의만 하고 있어서 답답했다.

···› **어떤 일이 이루어지는 상황이나 처지를 나타날 때 사용한다. 어떤 일이 일어나는 상황에서 뒤의 행동이나 판단이 이해되지 않을 때 그 상황이 부적절하다는 것을 나타내기도 한다.**

- 당장 생활비가 **부족한 마당에** 여행 가자는 말이 나오니?
- 그동안 쌓은 신뢰가 **허물어진 마당에** 대화가 무슨 소용이 있겠어요.
- 바빠서 잠잘 시간도 **없는 마당에** 어떻게 영화를 보러 가요?
- 배가 **고픈 마당에** 찬밥 더운밥 가려 먹을 처지가 아니었다.

가: 더 할 말 없어? 숨기지 말고 다 털어놔 봐!

나: 다 말했어요. 이미 사실이 다 **알려진 마당에** 더 숨길 게 있나요.

⊙ **주로 말할 때 사용하며, 앞의 내용은 부정적 상황이거나 좋지 않은 상황일 때가 많다. 대개 일상적인 대화나 비격식적인 상황에서 사용한다.**

예) 이미 **헤어진 마당에** 누구 때문인지가 뭐가 중요해.

신입사원이면 이런 일은 **참고 견뎌야 하는 마당에** 그는 불만이 많다.

내일이면 **회사를 떠나는 마당에** 그만두는 이유를 말할 필요가 없었다.

신뢰 허물어지다

연습

1. 알맞은 것을 골라 문장을 완성하십시오.

사다	타다	깨지다	속이다	쩔쩔매다

1) 부모도 ______________ 친구를 안 속였겠어요?

2) 종이 하나까지 다 ______________ 그 옷이 남아 있겠어요?

3) 내 할 일도 너무 많아서 ______________ 누구를 돕겠어요?

4) 이미 가방을 ______________ 후회해 봤자 무슨 소용이 있어요.

5) 어머니가 아끼시는 그릇이 ______________ 무슨 정신이 있겠어요?

2. 다음 대화를 완성하십시오.

1) 가: 할아버지, 오래 사시려면 꾸준히 운동하셔야지요?

나: ______________ 운동은 무슨 운동. 편한 것이 좋아!

2) 가: 가게 홍보는 어떻게 하고 있어요?

나: 홍보는 무슨. 가게가 ______________ 홍보가 무슨 소용이 있어요.

3) 가: 에어컨 청소는 언제 하지요?

나: 에어컨이 ______________ 청소는 뭐 하러 해요.

4) 가: 사장님, 계절이 바뀌었으니 인테리어를 바꾸는 것은 어때요?

나: 직원에게 월급도 ______________ 인테리어를 바꾸자고요?

5) 가: 요즘 물가가 너무 올라서 큰일이에요. 통신비마저 오를까 봐 걱정이에요.

나: 이것저것 다 ______________ 통신비가 안 오르겠어요?

쩔쩔매다	인테리어

3. 다음 기사의 제목을 보고 알맞은 것을 골라 대화를 완성하십시오.

없다	존중하다	늘리다	모범을 보이다

1)

대기업 회장, 2년간 운전기사에게 상습 폭언, 폭행까지

가: 이 기사 보셨어요? 대기업 회장이 운전기사에게 함부로 말하고 때리기까지 했다네요.

나: 그러게요. 사회적으로 높은 지위에 있는 사람이 ______________ 오히려 함부로 대하다니 기가 막히네요.

가: 지위 고하를 막론하고 사람이면 누구나 ______________ 직원을 폭행까지 한 것은 정말 심한 일이에요.

2)

놀 데가 없어요, 아이들 놀이터 대신 주차장으로

가: 이 앞 아이들이 놀던 공터가 주차장으로 바뀐다면서요?

나: 네, 아이들이 노는 곳을 더 ______________ 그 작은 공간마저 없애다니 너무한 것 같아요.

가: 가뜩이나 아이들이 놀 곳이 ______________ 놀이터까지 없어진다고 하니 안타깝네요.

더 생각해 보기

A/V-는데

상습 폭언	기가 막히다	막론하다	공터

9

선택 표현

① A/V-건 A/V-건 // N(이)건 N(이)건
② A-다기보다(는) // V-ㄴ/는다기보다(는) // N(이)라기보다(는)
③ V-(으)ㄹ 바에(야)

1 A/V-건 A/V-건 // N(이)건 N(이)건

시작하기 전에

- 형은 비가 오건 눈이 오건 늘 아침에 운동한다.
- 어렵게 구한 일자리니까 돈이 많건 적건 열심히 일해야 한다.

→ **여러 가지 중에서 어떤 것을 선택해도 뒤의 내용이나 결과에는 상관이 없거나 같을 때 사용한다. '-거나 -거나'의 줄임말로 비교 가능한 내용이나 반대되는 내용을 나열하여 사용한다.**

- 동생이 **들어오건 나가건** 신경 쓰지 마라.
- 선생님이 **계시건 안 계시건** 제대로 청소하자.
- 네가 **알았건 몰랐건** 이렇게 된 데는 네 책임이 커.
- 성주는 일찍 **자건** 늦게 **자건** 늘 같은 시간에 일어난대요.
- 결과가 **좋건 나쁘건** 그 일을 무사히 마쳤다는 게 가장 중요해.

가: 그 일을 우리가 꼭 해야 할까요? 전 정말 하기가 싫어요.

나: 사장님이 시키신 일이니 **싫건 좋건** 해야지 어떻게 하겠어요.

⊙ **어느 경우도 상관이 없음을 더 분명히 나타날 때는 뒤에 '간에', '상관없이'를 붙여 사용한다.**

예) 형은 비가 **오건** 눈이 **오건** 간에 늘 아침에 운동한다.

어렵게 구한 일자리니까 돈이 **많건 적건** 상관없이 열심히 일해야 한다.

⊙ **'누구(누가), 언제, 어디서, 무엇(무슨), 어떻게(어떤)'와 함께 사용할 수 있다.**

예) 내가 누구를 **만나건** 너하고 상관없는 일이다.

언제 **떠나건 간에** 어차피 그는 우리를 떠날 사람이다.

연습

1. 알맞은 것을 골라 문장을 완성하십시오.

알다	작다	나오다	모르다	한가하다
크다	싸다	비싸다	바쁘다	들어가다

1) 수박 크기가 ______________ 상관없이 무조건 사와.

2) 누가 ______________ 간에 신경 쓰고 싶지 않아.

3) 그 옷의 가격이 ______________ 간에 구입할 방법이 없었다.

4) 그녀는 가게의 일이 ______________ 항상 미소를 잃지 않았다.

5) 이 영화는 원작을 ______________ 모든 사람들이 재미있게 볼 수 있게 만들었다.

2. 다음 대화를 완성하십시오.

1) 가: 이 전공 책은 정말 재미없다. 꼭 읽어야 하냐?

나: 전공 책이 ______________ 간에 시험을 보려면 꼭 봐야 해.

2) 가: 어제 너랑 만난 사람 도대체 무슨 일을 하는 사람이냐?

나: 그 사람이 ______________ 너하고 무슨 상관이야!

3) 가: 너희 동아리방에서는 영화를 보거나 음악을 들어도 돼?

나: 어, ______________ 다른 사람에게 방해만 주지 않으면 괜찮아.

4) 가: 이 휴대용 선풍기를 현금으로 결제하면 할인해 주니?

나: 요즘 인기가 많아서 ______________ 간에 할인되는 것은 없어.

5) 가: 연주를 잘하지 못해 죄송합니다.

나: 연주를 ______________ 상관없이 중간에 포기하지 않는 것이 제일 중요해.

3. 〈보기〉와 같이 문장을 완성하십시오.

보기 나는 이미 지나간 일에는 좋았건 나빴건 미련을 두지 않는 편이다.

1) 그렇게 심심하면 ________________ 뭐라도 해.

2) 남들이 ________________ 신경 쓰지 말고 네 소신대로 하렴.

3) 그 기계를 다룰 줄 ________________ 아무 문제없을 거예요.

4) 그 사진이 잡지에 ________________ 너랑 상관없지 않아?

5) 능력이 ________________ 그게 중요한 게 아니라 그 사람의 결심이 중요한 거죠.

4. 다음 글을 읽고 밑줄 친 문장을 〈보기〉와 같이 바꾸십시오.

종로에서 꽃집을 운영하는 김성주 씨는 주위에 사람이 있거나 없거나 항상 웃는 얼굴입니다. 항상 밝은 얼굴로 누구에게나 친절하게 인사합니다. 그래서 동네 1) 아이나 어른이나 모두 그를 좋아합니다. 2) 꽃집 앞에서 만나도 그의 집 앞에서 만나도 어디서든지 큰소리로 인사합니다. 3) 낮에도 밤에도 늘 콧노래를 흥얼거립니다. 언제든지 웃고 친절하게 사람들을 대해서 지난주에는 뉴스에도 나왔습니다. 그래서 사람들이 뉴스에 나와서 좋았냐고 물었더니 4) 김성주 씨는 뉴스에 나오든지 말든지 상관없이 사는 것이 즐겁다고 합니다. 이웃들과 더불어 사는 것이 감사하고 즐겁다고 하는 김성주 씨는 살아있는 천사가 아닐까요?

보기 주위에 사람이 있건 없건 항상 웃는 얼굴입니다.

1) ________________________________.

2) ________________________________.

3) ________________________________.

4) ________________________________.

미련을 두다	비웃다	소신	기계를 다루다	콧노래를 흥얼거리다

더 생각해 보기

A/V-거나 A/V-든지

A/V-든 A/V-든

A/V-든가 A/V-든가

A/V-든지 A/V-든지

2 A-다기보다(는) // V-ㄴ/는다기보다(는) // N(이)라기보다(는)

시작하기 전에

- 그녀는 예쁘다기보다는 귀여운 편이다.
- 내 동생은 내게 형제라기보다 친한 친구 같다.

··· 앞의 내용보다 뒤의 내용이 더 적절하거나 적당함을 나타낼 때 사용한다.

- 창업이 **나쁘다기보다는** 성공하기가 어렵기 때문에 반대한다.
- 저 사람이 **뚱뚱하다기보다는** 주변에 마른 사람들이 너무 많다.
- 손님이 많아 종업원들은 **걷는다기보다는** 거의 뛰어다녔다.
- 이번 국토 종단은 나에게 단순한 **여행이라기보다는** 새로운 경험이자 도전이었다.

가: 지훈 씨는 요리를 정말 잘하시네요.

나: 아니에요. 요리를 **잘한다기보다는** 좋아해서 하는 거죠.

연습

1. 알맞은 것을 골라 문장을 완성하십시오.

좋다	필요하다	부탁이다	대체하다	소질이 있다

1) 김 부장의 말은 ________________ 명령에 가까운 말이었다.

2) 그 아이는 미술에 ________________ 그림 그리는 것을 좋아한다.

3) 인공지능은 직업 전체를 ________________ 특정 직업을 대체할 것이다.

4) 그 증상은 특별한 치료가 ________________ 스트레스를 줄이면 호전되는 증상이다.

5) 새로 출시된 휴대 전화는 전보다 기능이 ________________ 디자인이 많이 바뀌었다.

국토 종단	대체하다	호전되다

2. <보기>와 같이 연결하고 문장을 완성하십시오.

보기

이 가방은 꼭 필요하다 ——— 그냥 예뻐서 사다

이 가방은 꼭 필요하다기보다는 그냥 예뻐서 샀다.

1) 검은 가방이 마음에 들다	•	•	뚱뚱한 편이다
2) 시간이 없어서 책을 못 읽다	•	•	남은 것이 그것밖에 없다
3) 시험 문제가 어렵다	•	•	즐겨 먹지 않다
4) 돼지고기를 싫어하다	•	•	독서할 시간을 못 내는 것이다
5) 그 아이는 통통하다	•	•	내가 실수를 많이 하다

1) ______________________________.

2) ______________________________.

3) ______________________________.

4) ______________________________.

5) ______________________________.

3. 다음 대화를 완성하십시오.

1) 가: 어제 축제에서 춤췄다면서요?

나: 하하하. 제가 친구들 추는 것을 그냥 따라 한 거죠.

2) 가: 매년 졸업식을 지켜보시면 섭섭하시겠어요.

나: 더 잘 돌봐주지 못한 것 같아 미안한 마음이 들죠.

3) 가: 평소 낯을 많이 가린다는 소문이 있던데요?

나: 낯을 혼자 있는 것을 좋아해서 그런 소문이 난 것 같습니다.

4) 가: 아이가 이런 자리를 많이 어색해하는 것 같네요.

나: 아니에요. 부끄러움을 많이 타서 그럴 거예요.

5) 가: 유미 씨가 많이 내성적인 성격인가 봐요? 말이 전혀 없네요.

나: 성격이 화가 나 있는 것 같은데요.

(낯을) 가리다	(부끄러움을) 타다

3 V-(으)ㄹ 바에(야)

시작하기 전에

- 거기로 여행을 갈 바에 안 가는 게 낫겠어.
- 그 음식을 저녁으로 먹을 바에야 차라리 굶겠어.

…› **앞의 내용이 뒤의 내용보다 마음에 들지 않기 때문에 뒤의 내용을 선택할 때 사용한다. 앞의 내용은 뒤에 내용보다 매우 부족하거나 기대에 못 미쳐 뒤의 내용이 최선은 아니지만 어쩔 수 없이 선택할 때 사용한다.**

- 이 추위에 산에 **올라갈 바에야** 집 근처 공원에 가겠다.
- 일을 하면서 계속 불평만 **늘어놓을 바에야** 차라리 하지 마.
- 이렇게 함부로 돈을 **쓸 바에야** 차라리 자선 단체에 기부해라.
- 중간에 일을 **그만둘 바에야** 처음부터 시작하지 않는 것이 낫다.

가: 컴퓨터가 또 고장이 났어요. 오늘은 고치러 갈 시간이 없는데…

나: 그렇게 계속 **고칠 바에야** 새로 하나 사는 게 낫겠어요.

⊙ **주로 말할 때 사용한다. '-을 바에' 앞에는 '어차피', '이왕에' 등이 나오고, 뒤에는 '차라리', '오히려', '아예' 등이 자주 어울려 사용된다.**

예) 어차피 **늦을 바에야** 뭐라도 먹고 가자.

이왕에 **할 바에야** 기분 좋게 일합시다.

그 사람과 **결혼할 바에야** 차라리 혼자 살겠어요.

맛없는 음식을 **먹을 바에야** 오히려 안 먹는 것이 더 낫다.

중간에 일을 **그만둘 바에야** 아예 처음부터 시작하지 않는 것이 낫다.

함부로　　자선 단체　　아예

연습

1. 알맞은 것을 골라 문장을 완성하십시오.

떠나다	기다리다	후회하다	취직하다	돌아가다

1) 이왕에 여행을 ________________ 미련 없이 떠나세요.

2) 그때 가서 ________________ 지금 그만두는 게 낫다.

3) 30도가 넘는 집으로 ________________ 시원한 카페가 낫지.

4) 이렇게 오래 ________________ 차라리 집에 돌아가는 게 좋겠다.

5) 졸업하자마자 아무 곳에나 ________________ 졸업을 연기하겠다.

2. 다음 대화를 완성하십시오.

1) 가: 친구가 도와달라고 했다면서요? 어떻게 할 거예요?

   나: 그 친구를 ________________ 차라리 모르는 사람을 돕겠어요.

2) 가: 연말 상여금을 받았으니까 주식에 투자하는 게 어때?

   나: 주식에 ________________ 그냥 써 버리는 게 나아.

3) 가: 일이 너무 많으면 유미에게 맡겨 봐.

   나: 이 일을 그녀에게 ________________ 차라리 밤새 제가 하겠어요.

4) 가: 이사를 가야 하는데 전세금이 또 올랐어요.

   나: 비싼 전세금을 내고 서울 시내로 ________________ 차라리 서울 외곽으로 이사를 하는 게 어때?

5) 가: 이 자동차를 구입하려고 하는데 어때?

   나: 글쎄. 싸지도 않고 좋지도 않은 걸 ________________ 그냥 지하철을 이용하는 게 나을 것 같다.

연말 상여금　　　외곽

3. 〈보기〉와 같이 대화를 완성하십시오.

보기
가: 장마 때문에 채소 가격이 너무 많이 올랐어. 상추 한 봉지에 5천 원이야.
나: 정말 채소 가격이 많이 올랐네요. 상추를 그렇게 비싸게 사 먹을 바에야 귀찮더라도 직접 집에서 길러 먹어야겠어요.

1) 가: 벌써 12시야. 엄마한테 혼나겠다. 어서 집에 가자.
나: 어차피 엄마한테 ________________ 조금 더 놀다 들어가자.

2) 가: 이렇게 길을 ________________ 창피하더라도 그 사람에게 다시 물어보자.
나: 아냐. 창피하게 또 묻고 싶지 않아. 이 근처 어디에 있을 거야. 조금만 참아 봐.

3) 가: 적성에도 안 맞는 학과에 ________________ 차라리 재수를 하는 게 낫지 않을까?
나: 그래도 힘든 재수보다는 일단 대학에 들어가는 게 좋을 것 같아.

4) 가: 손님이 왔는데도 주문을 받기는커녕 물도 안 갖다 주네.
이런 대접을 받으면서 이 가게에서 꼭 먹어야 되는 거니?
나: 이런 대접을 ________________ 다른 가게로 옮기는 게 나을 것 같아.

5) 가: 그렇게 조금씩 ________________ 아예 안 하는 것이 더 나은 거 같은데요.
나: 그래도 아예 안 하는 것보다 조금이라도 후원하는 편이 더 나을 것 같은데요.

더 생각해 보기

A/V-느니

혼나다　　　　대접을 받다

10

순서 표현

① V-자

1 V-자

시작하기 전에

■ 창문을 열자 시원한 바람이 들어왔다.
■ 건물에 불이 나자 사람들이 급하게 뛰쳐나왔다.

1. 앞의 행동이 끝난 뒤 곧 뒤의 행동이 이어서 일어날 때 사용한다.

- 유미는 그와 눈이 **마주치자** 얼른 고개를 돌렸다.
- 경기 결과가 **발표되자** 사람들은 모두 박수를 쳤다.
- 공부를 마치고 도서관을 **나서자** 빗방울이 떨어졌다.

가: 까마귀 **날자** 배 떨어진다고 내가 한 일로 몰릴 뻔했다니깐.
나: 그래도 오해가 풀려서 다행이다.

2. 앞의 내용이 뒤의 내용의 원인이나 동기가 될 때 사용한다.

- 성주가 갑자기 화를 **내자** 진나는 몹시 당황했다.
- 날이 **어두워지자** 북적거렸던 거리가 한산해졌다.
- 결승점이 **가까워지자** 그는 좀 더 힘을 내기 시작했다.

가: 여자 친구에게 선물을 줬더니 여자 친구의 반응은 어땠어?
나: 선물을 **받자** 기뻐서 눈물을 흘렸어.

⊙ **'V-자마자'와 바꿔 사용할 수 있다. 하지만 'V-자'는 명령문이나 청유문으로 사용하지 않는다는 점에서 차이가 있다.**
예) 교수님이 강의실에 **들어오자마자** 학생들이 자리에 앉았다.
= 교수님이 강의실에 **들어오자** 학생들이 자리에 앉았다.

- 회의가 **끝나자** 연락하세요. (X)
- 회의가 **끝나자마자** 연락하세요. (O)

얼른　　까마귀 날자 배 떨어진다

연습

1. 알맞은 것을 골라 문장을 완성하십시오.

생기다	누르다	나오다	포기하다	소문이 나다

1) 밖에 ______________ 갑자기 비가 쏟아졌다.

2) 초인종을 ______________ 집주인 아저씨가 나왔다.

3) 그는 모든 것을 ______________ 비로소 마음이 편해지는 걸 느꼈다.

4) 제품에 결함이 있다는 ______________ 그 제품의 판매량이 떨어졌다.

5) 학교는 계속해서 문제가 ______________ 부랴부랴 사태 파악에 나섰다.

2. 다음 대화를 완성하십시오.

1) 가: 먹거리 안전 문제가 연이어 ______________ 정부는 서둘러 대책을 발표한다고 하네요.

나: 그 대책이 효과가 있었으면 좋겠어요. 불안해서 아무거나 먹지 못하겠어요.

2) 가: 성주 씨네 회사 사람들은 참 대단한 것 같아요.

나: 맞아요. 회사가 자금난으로 어려움을 ______________ 사원들이 자발적으로 월급을 반납했다고 하네요. 그건 쉬운 일이 결코 아닌데 말이죠.

3) 가: 유미 씨 합격에 어머니가 많이 좋아하셨죠?

나: 네, 어머니는 제 합격 소식을 ______________ 한동안 말도 없이 눈물만 흘리셨어요.

4) 가: 거리에 마스크를 쓴 사람들이 많아진 것 같아요.

나: 네, 미세먼지가 ______________ 사람들이 마스크를 많이 쓰고 다니는 것 같아요.

5) 가: 그 회사 주식이 또 떨어지고 있어요. 주식을 파는 사람도 많고요.

나: 올 매출이 작년만 못하다는 소식이 ______________ 사람들이 주식을 파는 것 같아요.

초인종	결함	부랴부랴	자금난	자발적

3. 알맞은 것을 골라 대화문을 완성하십시오.

가까워지다　　울리다　　전해 주다　　끝나다

기자: 지금 올림픽에서 금메달을 딴 김재희 선수와 인터뷰를 시작하겠습니다.
우선 금메달 따신 걸 진심으로 축하드립니다.
선수: 감사합니다.
기자: 금메달이 확정되는 순간 기분이 어떠셨습니까?
선수: 경기가 1) ____________ 너무 기뻐서 꿈을 꾸는 것 같았습니다.
기자: 그러셨군요. 경기 막판 코치님이 굉장히 화를 내시고 큰소리를 치시던데 왜 그러신 겁니까?
선수: 경기 끝나는 시간이 2) ____________ 저도 모르게 흥분이 되어 실수할 뻔했는데 코치님의 도움이 컸습니다.
기자: 태극기가 천천히 올라가고 애국가가 3) ____________ 눈물을 흘리셨는데요, 왜 그러셨나요?
선수: 부상으로 고생한 일, 힘들게 훈련한 일 등이 생각나 저도 모르게 눈물이 쏟아졌습니다.
기자: 고향에는 홀어머니만 계신다고 하던데 어머니께서는 뭐라고 하셨나요?
선수: 어머니께서는 너무 떨려 경기를 못 보셨답니다. 이웃 분들이 제 소식을 4) ____________ 그제야 마음을 놓으셨다고 합니다. 정말 기뻐하셨습니다.
기자: 끝으로 고국에 계신 국민들에게 한 말씀 부탁드립니다.
선수: 멀리서 저를 응원해 주신 모든 분께 감사드립니다. 다음 올림픽에서도 또 금메달을 딸 수 있도록 열심히 노력하겠습니다. 감사합니다.

더 생각해 보기

V-자마자
V-는 대로
V-기(가) 무섭게

막판　　코치　　울리다　　홀어머니　　고국

11

습관 표현

① V-기 일쑤이다

1 V-기 일쑤이다

시작하기 전에

- 학생들이 혼자서 유학 생활을 하다 보면 밥을 거르기 일쑤이다.
- 언니는 매일 휴대 전화를 손에 쥐고도 어디에 두었는지 찾기 일쑤이다.

1. 어떤 일이 습관적으로 자주 발생하게 됨을 나타낸다.

- 우리 집 개와 옆집 고양이는 늘 만나면 으르렁대고 **싸우기 일쑤예요**.
- 동생은 어릴 때 매우 활동적이어서 밖에 나가면 **다치기 일쑤였다**.
- 태어난 지 얼마 안 된 딸이 밤마다 울어서 요즘 밤잠을 **설치기 일쑤예요**.
- 특정 전공에만 수험생들의 관심이 높은 데 반해 입학 정원은 한정되어 있어서 입학경쟁률은 100대 1을 **넘기 일쑤이다**.

가: 유민 씨, 카일 씨 못 봤어요?

나: 아직 학교에 안 왔어요. 아침잠이 많아서 오전 수업에는 늘 **지각하기 일쑤예요**.

2. '아프다, 바쁘다'와 같이 특정 형용사의 경우에 한하여 사용할 수 있다.

- 나는 비가 오는 날에는 무릎이 **아프기 일쑤야**.
- 동생은 주말에도 일하느라 **바쁘기 일쑤라더니** 매일 놀러만 다니던데.

⊙ **주로 비격식적인 상황에서 말할 때 사용된다. 상대방에게 불평하거나 불만을 이야기할 때 많이 사용하기 때문에 긍정적인 상황에서 사용하면 어색하다.**

가: 줄리아 씨, 요즘 수미 씨와 통화한 적 있어요? 연락이 되지 않네요.

나: 걱정하지 마세요. 수미 씨는 항상 연락이 잘 **안 되기 일쑤예요**.

밤잠을 설치다

• 진나 씨는 아침마다 도서관에 가서 열심히 **공부하기 일쑤예요**. (X)
• 성실한 사람은 언제든 **성공하기 일쑤이다**. (X)

⊙ **앞에 '툭하면, 걸핏하면'과 같이 결합하여 '툭하면/걸핏하면 ~V-기 일쑤이다'의 형태로 사용한다. 반복적으로 계속되는 상황에 대해 화자가 부정적인 인식을 가지고 있음을 강조하여 나타낸다.**

• 그 집 아기는 엄마가 없어서 그런지 툭하면 **울기 일쑤이다**.
• 미호 씨가 데이트할 때마다 걸핏하면 화를 **내기 일쑤더니** 결국 남자 친구와 헤어지고 말았다.

연습

1. 알맞은 것을 골라 문장을 완성하십시오.

착각하다	넘어지다	빠뜨리다	틀리다	무시당하다

1) 아기를 키우다 보면 비싼 물건이 무조건 좋다고 ____________.

2) 가: 유나 씨가 또 다리가 부러졌다면서?

   나: 맞아. 매일 앞은 안 보고 휴대 전화만 들여다보니 ____________.

3) 동생이 아침마다 정신없이 나가느라 준비물을 ____________.

4) 그 직원은 꼼꼼하지 않은 탓에 계산이 ____________.

5) 다니엘 씨가 한국어를 잘해도 매번 최종 면접에서 떨어지니 다른 친구들에게 ____________.

2. 다음 문장을 완성하십시오.

1) 동생이 덜렁대서 툭하면 물건을 ____________.

2) 신입생 때는 친구들과 놀러 다니느라 수업에 ____________.

걸핏하면	빠뜨리다	최종	덜렁대다

3) 진나는 몸이 약해서 환절기만 되면 감기에 ______________________.

4) 수미 씨는 아직 운전이 익숙하지 않아 길을 ______________________.

5) 마이클 씨는 술만 마시면 휴대 전화를 ______________________.

3. 다음 대화문을 완성하십시오.

진 행 자: 다음은 청취자들의 사연을 듣는 시간입니다.
먼저 '달빛소녀'의 사연을 들어보겠습니다.

달빛소녀: 안녕하세요, 저는 매일 밤마다 달빛과 별빛을 보며 꿈을 키워가는 '20대 꽃다운 대학생'입니다. 요즘 저는 학기 중이라 과제가 너무 많아서 1) ______________. 그래서 몸은 힘들지만 제가 하고 싶은 목표가 있어서 그런지 피곤한지도 모르겠습니다. 이런 저에게 여러분들이 응원해 주신다면 더 힘을 낼 수 있을 것 같습니다!

진 행 자: 멋진 대학생의 모습이네요. '달빛소녀'님께 응원과 함께 커피 쿠폰 같이 보내드리겠습니다. 두 번째 사연은 '덜렁남'의 이야기입니다.

덜 렁 남: 안녕하세요, 요즘 저는 매일 물건을 여기저기 2) ______________. 그래서 직장 동료들이 저를 '덜렁남'으로 부릅니다. 아직 30대밖에 안 됐는데 벌써 치매는 아니겠지요? 벌써 걱정이 되기도 합니다. 어떻게 하면 고칠 수 있을까요?

진 행 자: 당연히 치매일 리가 없지요. '덜렁남'님께서 아무래도 충분한 휴식이 필요하신 듯합니다. '덜렁남'님께는 조금이라도 쉬시라고 '마사지 쿠폰'을 보내드리겠습니다.

더 생각해 보기

V-기 십상이다

V-곤 하다

12

원인·이유 표현

① N(으)로 말미암아
② A/V-(으)ㄴ/는 이상
③ A-답시고 // V-ㄴ/는 답시고 // N(이)랍시고
④ A/V-기에 망정이지
⑤ A/V-기로서니

1 N(으)로 말미암아

시작하기 전에

- 폭우로 말미암아 오늘 졸업식은 실내에서 진행할 계획입니다.
- 이 사진은 전쟁으로 말미암아 부모를 잃은 아이의 모습을 담고 있다.

···› **어떤 상황 또는 어떤 일에 대한 원인이나 이유가 발생하여 이에 따른 결과가 나타남을 말할 때 사용한다.**

- 유행성 눈병**으로 말미암아** 전국의 초등학교가 휴교를 할 예정이다.
- 마이클 씨가 취업 실패**로 말미암아** 1주일째 학교에 나오지 않는다.
- 스마트폰 중독**으로 말미암아** 가족 간 대화 평균 시간이 1시간 이하로 감소하였다.
- 불규칙한 식사 습관**으로 말미암아** 소화 불량을 호소하는 직장인들이 증가하고 있다.

가: 요즘 취업률이 다시 하락하고 있다지요?

나: 네, 최근 실적 부진**으로 말미암아** 여러 기업에서 신입 직원 채용을 미루고 있습니다.

⊙ **어떤 일의 원인이나 이유가 되었다는 뜻으로 사용할 때는 'N(으)로부터 말미암다' 또는 'N에서 말미암다'의 형태로 사용되기도 한다.**

- 최근 1인 가구의 증가는 고령화 현상, 만혼, 저출산 등**으로부터 말미암았다.**
- 그 논쟁은 서로의 의견 차이를 받아들이지 못하는 데**에서 말미암았다.**
- 기계 작동 오류는 사소한 부주의**에서 말미암으니** 항상 주의하시기 바랍니다.

호소하다	실적	부진	만혼	오류
사소하다	부주의			

⊙ **주로 글을 쓸 때 많이 사용하며 뉴스, 발표와 같이 격식적인 상황에서 많이 사용한다.**

• 최근 개발도상국의 무분별한 개발**로 말미암아** 생태계 파괴와 환경 오염이 우려되고 있습니다.

가: 김 기자, 이번 5중 추돌사고의 원인이 무엇인가요?

나: 이번 추돌사고는 트럭 운전자의 음주운전**으로 말미암아** 발생하였습니다.

⊙ **앞에 동사나 형용사가 올 경우 명사형으로 바꾸어 'A/V-(으)ㅁ으로 말미암아'의 형태로 사용한다.**

• 국제 경제가 **불안정함으로 말미암아** 난민들이 계속 증가할 것으로 전망된다.
• 김영수 씨는 사업이 **실패함으로 말미암아** 귀농을 한 뒤 새롭게 개발한 농작물 재배 방법으로 청년 사업가가 되었습니다.

연습

1. 알맞은 것을 골라 문장을 완성하십시오.

야근	욕심	부상	관광객	층간 소음

1) ______________ 아파트 이웃 간 다툼이 빈번히 일어난다.

2) 수지 씨는 한 달 동안 계속된 ______________ 결국 쓰러지고 말았다.

3) 최근 경복궁 부근에는 야경을 구경하려는 ______________ 교통 체증이 심각하다.

4) 그 경영자는 결국 과도한 ______________ 사업에 실패하고 회사도 부도가 나고 말았다.

5) 이번 올림픽을 마지막으로 김 선수는 ______________ 은퇴를 하겠다는 의지를 밝혔습니다.

개발도상국	무분별하다	우려	추돌 사고	귀농	난민
은퇴	빈번하다	부도가 나다			

2. 다음 대화를 완성하십시오.

1) 가: 어제 건설 공사 사고 소식 들으셨어요? 왜 사고가 났대요?

나: 작업하는 사람의 사고가 났다고 하네요.

2) 가: 의사 선생님, 유진 씨가 어디가 아픈 건가요?

나: 특별한 질병은 없고, 쓰러진 것으로 추측하고 있습니다.

3) 가: 최근 아동의 비만율이 증가하게 된 이유가 무엇입니까?

나: 식습관의 변화와 비만율이 증가한 것 같습니다.

4) 가: 이번 교통사고가 일어나게 된 원인이 뭐래요?

나: 버스 운전사의 발생했다고 하네요.

5) 가: 박 기자, 어젯밤 화재의 원인이 무엇입니까?

나: 지나가던 행인이 끄지 않고 버린 발생했다고 합니다.

3. 다음 인터뷰를 완성하십시오.

아나운서: 이번 시간에는 세계적으로 활동하고 계시는 환경 운동가 마이클 씨를 모시고 이야기를 나눠 보고자 합니다. 안녕하세요, 마이클 씨.

마 이 클: 안녕하세요?

아나운서: 요즘 세계 곳곳에서 여러 가지 자연재해로 어려움을 겪고 있는데요. 이러한 현상이 발생하게 된 이유가 무엇일까요?

마 이 클: 먼저 1) 여러 가지 환경 문제가 발생한다고 볼 수 있습니다.

아나운서: 역시 지구 온난화가 가장 큰 문제군요. 또 어떤 문제가 있을까요?

마 이 클: 자연 지역의 무분별한 2) 환경 보존 지역이 줄었다는 것도 이유가 되겠지요. 지금과 같이 지속된다면 앞으로 지구가 더 이상 견디지 못할 수도 있을 것이라 예상됩니다.

행인	지속되다

4. 다음 뉴스를 읽고 환경 오염의 원인을 써 보십시오.

안녕하십니까, 오늘은 제50회 '환경의 날'을 맞이하여 환경 오염에 대한 특집 기사를 전해드리고자 합니다. 최근 온난화가 심각해지면서 환경 오염을 우려하는 목소리가 전 세계적으로 커지고 있습니다. 그 대표적인 원인으로 첫째, 갈수록 심각해지는 자동차 매연입니다. 선진국을 중심으로 전기를 사용하는 자동차들이 늘어나고 있지만, 아직은 미미한 단계입니다. 둘째, 과도한 일회용품 사용입니다. 편리하다는 이유로 생활 곳곳에서 일회용품을 사용하는 비중이 커지고 있습니다. 셋째, 각종 공장에서 흘러나오는 폐수입니다. 공장에서 나오는 폐수가 강, 바다, 지하수 등으로 흘러가서 각종 오염을 일으키고 있습니다. 다음 뉴스에서는 이러한 환경 오염을 줄이기 위한 대처 방안에 대해 전문가들을 모시고 의견을 나눠보도록 하겠습니다.

···› ______________________ 환경 오염이 발생하였다.

···› ______________________ 환경 오염이 발생하였다.

···› ______________________ 환경 오염이 발생하였다.

더 생각해 보기

N으로 인해서

N 때문에

2 A/V-(으)ㄴ/는 이상

시작하기 전에

- 이번 경기에 참가하는 이상 금메달을 딸 수 있도록 최선을 다할 것이다.
- 다른 나라 사람과 결혼한 이상 그 나라의 문화와 언어를 빨리 익힐 수 있도록 노력해야겠다.

⋯› 앞의 내용이 이미 정해져 있거나 확실한 조건이 되어 뒤의 상황이 당연하게 이루어짐을 나타낼 때 사용한다.

- 대부분의 직원들이 **찬성하는 이상** 이번 프로젝트는 계획대로 진행될 예정이다.
- 유학을 가기로 **마음먹은 이상** 될 수 있는 한 빠른 시일 안에 가려고 한다.
- 대학 진학에 대한 고민은 혼자 해결하기 **어려운 이상** 주변 사람들에게 조언을 구하는 것이 좋다.

⊙ 동사의 경우 현재 시제에는 'V-는 이상'의 형태로, 과거 시제에는 받침 유무에 따라 'V-(으)ㄴ 이상'의 형태로 사용한다. 단, 형용사의 경우는 받침 유무에 따라 'A-(으)ㄴ 이상'의 형태를 사용한다.

- 계속 비가 **오는 이상** 오늘 경기는 우천으로 인해 취소될 예정입니다.
- 마리아 씨가 지금처럼 **노는 이상** 이번 시험에서도 분명히 떨어질 게 틀림없다.
- 대학교에 **입학한 이상** 최선을 다해서 열심히 공부해야 한다.
- 아무리 그 일이 중요하다고 해도 진나 씨가 **아픈 이상** 모른 척할 수는 없다.
- 그 식당의 음식이 맛있어도 이렇게 양이 **적은 이상** 사람들의 불만이 많을 것이라 예상된다.

가: 이번 학기에 우리 학과 과대표가 된 앤디 씨의 소감을 들어보겠습니다.

나: 제가 과대표가 **된 이상** 우리 과의 발전을 위해 열심히 노력하겠습니다.

조언	우천	번영	사기 진작

⊙ **명사의 경우 'N인 이상'의 형태로 사용한다.**

- 반장**인 이상** 반 학생들에게 여러 면에서 모범을 보일 필요가 있다.
- 회사의 대표**인 이상** 회사의 번영과 직원들의 사기 진작을 위해 노력해야 한다.

⊙ **주로 글을 쓸 때 사용하며 뉴스, 발표와 같이 격식적인 상황에서 많이 사용한다.**

- 제가 이번 사건을 **맡은 이상** 최선을 다해 조사하겠습니다.
- 소비자들의 불만 신고가 **접수된 이상** 그 상품에 대해 전면 검토할 예정입니다.
- 20대 청년들의 취업난이 지금과 같이 **계속되는 이상** 앞으로 경제 활성화가 이루어지기 어려울 것 같습니다.

연습

1. 〈보기〉와 같이 연결하고 문장을 완성하십시오.

보기

추위가 계속되다 ——— 당분간 등산하는 것은 힘들다

추위가 계속되는 이상 당분간 등산하는 것은 힘들 것이다.

1) 담배와 술을 끊지 않다 •	• 한국 문화에 익숙해지도록 노력할 필요가 있다
2) 집이 작다 •	• 친구에게 사과하고 문제를 해결해야겠다
3) 실수한 사실을 알다 •	• 시간이 부족하니 틈틈이 공부해야 하다
4) 한국에 살다 •	• 건강이 좋아지기 어렵다
5) 아르바이트를 하다 •	• 룸메이트와 서로 조금씩 배려하며 지내야 하다

활성화 전면 당분간

1) ______________________________.

2) ______________________________.

3) ______________________________.

4) ______________________________.

5) ______________________________.

2. 다음 문장을 완성하십시오.

1) 빠른 시일 내에 담배를 ______________ 건강이 좋아지기는 어렵다.

2) 부모님께서 계속 ______________ 여자 친구와의 결혼은 힘들 것 같다.

3) 지금처럼 부장님과 생각이 ______________ 회사를 그만둘 수밖에 없다.

4) 집주인과 ______________ 마음에 안 들더라도 이 집에서 살 수밖에 없다.

5) 한국에 ______________ 한국 문화에 적응하고 한국어를 열심히 공부해야 한다.

3. 알맞은 것을 골라 문장을 완성하십시오.

아프다	시작하다	우승을 하다

아나운서: 이번 시간에는 올림픽 금메달리스트인 '김연아' 씨를 초대해서 인터뷰를 해 보겠습니다. 안녕하세요? 김연아 씨.

김 연 아: 안녕하세요?

아나운서: 먼저 우승을 축하드립니다. 김연아 씨는 어떻게 이번 대회에서 우승할 수 있었나요?

김 연 아: 저는 병원에 갈 정도로 1) ______________ 매일 꾸준히 7시간 이상 연습을 해 왔습니다.
아무래도 그게 이번 우승의 가장 큰 요인으로 작용한 것 같습니다.

아나운서: 정말 대단하시네요. 2) ______________ 다음 목표는 무엇이 될까요?

김 연 아: 글쎄요. 아직 구체적인 계획은 없지만, 후배들과 함께 다음 경기를 준비할 생각입니다.

아나운서: 후배들에게 조언 한 마디 해 주시죠.

김 연 아: 일단 운동을 3) ______________ 자기만의 목표를 세우고 꾸준히 노력하는 것이 제일 중요하다고 이야기하고 싶습니다.

4. 다음 기사의 제목을 보고 대화를 완성하십시오.

금수저 자녀, 취업부터 결혼까지 탄탄대로

가: 대리님, 기사 보셨어요? 저는 이 글 보고 나니 기운이 쭉 빠지더라고요.

나: 나도 그래. 이런 기사가 계속 1) ________________ 우리처럼 평범한 사람들은 힘이 빠지기 마련이지.

가: 저도 여기 들어오려고 대학교 성적이며, 영어 시험이며, 제2외국어까지 열심히 공부했었는데요. 저런 사람들은 걱정이 없겠어요.

나: 그래도 누구나 다 걱정은 있을 거야. 아! 그나저나 내일까지 준비하라고 한 프로젝트는 잘 되어 가고 있나?

가: 제가 몸이 2) ________________ 내일까지는 무리일 것 같아요. 2~3일만 미뤄 주시면 안 될까요?

더 생각해 보기

A/V-(으)ㄴ/는 것이 사실이라면

V-는 한

탄탄대로 무리

3 A-답시고 // V-ㄴ/는답시고 // N(이)랍시고

시작하기 전에

- 줄리아 씨가 바쁘답시고 치료를 미루더니 결국 상태가 악화되었다.
- 유진 씨가 제 컴퓨터를 고쳐 준답시고 가져가더니 더 망가뜨려 버렸다.

⋯› **뒤에 나오는 행동이나 상태가 발생하게 된 이유나 원인을 나타내는데, 그 결과가 처음에 의도했던 것과는 달리 예상보다 못마땅하거나 만족스럽지 못해서 빈정거리며 말할 때 사용한다.**

- 진나 씨가 공부를 **한답시고** 친구랑 도서관에서 시간만 보내고 있다.
- 남편이 집안일을 **도와준답시고** 설거지를 하다가 그릇을 다 깨 버렸다.
- 마이클 씨가 회사일 때문에 **바쁘답시고** 불규칙한 생활을 하다가 건강이 나빠졌다.
- 친구는 옷을 싸게 **산답시고** 인터넷으로 쇼핑하더니 결국 평소보다 더 많이 지출했다.

⊙ **명사는 'N(이)랍시고'의 형태로 사용한다.**

- **주말이랍시고** 놀러 갈 생각하지 말고 방 청소 좀 해라.
- 친구가 집들이 **선물이랍시고** 자기가 쓰던 물건을 가지고 왔다.
- 그 사람은 **전문가랍시고** 조언을 해 주는 척하면서 사람들에게 사기를 치다가 결국 경찰에 잡혀갔다.

⊙ **말하는 사람이 '나, 우리'의 경우, 자신의 행위를 겸손하게 나타낼 때도 사용한다.**

- 우리는 부지런히 회의를 **준비한답시고** 새벽부터 회사에 나왔다.
- 제 딴에는 열심히 **고른답시고** 골랐는데 선물이 마음에 들지 모르겠어요.

사기를 치다　　딴

가: 진나 씨, 몸이 안 좋아 보여요. 주말에 무슨 일이 있었어요?

나: 주말을 **즐긴답시고** 한강에서 하루 종일 자전거를 탔더니 감기에 걸려서 고생했어요.

⊙ **말하는 사람의 의지를 나타낼 때는 'A/V-겠답시고'의 형태로 사용한다.**

- 친구를 **위로하겠답시고** 어설프게 위로의 말을 건네면 더 상처받을 것이다.
- 다른 나라와 무역 협상을 **체결하겠답시고** 우리나라 농산물의 가격을 깎아내리는 행위는 옳지 않다.

연습

1. 알맞은 것을 골라 문장을 완성하십시오.

줄이다	높이다	배우다	데이트하다	사업을 하다

1) 그 사람은 ____________ 돈을 가져가더니 계속 노름만 하다가 망했다.

2) 아들이 영어를 ____________ 미국으로 어학연수를 가더니 공부는 안 하고 놀기만 하다 왔다.

3) 정부는 출산율을 ____________ 신혼부부에게 세금을 투자하려다가 예산을 초과하여 시민들의 원성만 들었다.

4) 마리아 씨가 남자 친구와 ____________ 멋 부리느라 옷을 얇게 입고 나가더니 감기에 걸려 입원하고 말았다.

5) 서울시에서 교통 체증을 ____________ 작년부터 공사를 했는데 나아지기는커녕 교통 체증이 더 심각해졌다.

농산물	노름	예산	원성

2. 다음 문장을 완성하십시오.

1) ________________ 헬스장을 3개월이나 등록했는데 일주일밖에 가지 않았다.

2) 돈을 ________________ 회사에 도시락을 싸가지고 갔는데 더워서 음식이 다 상해 버렸다.

3) 친구가 컴퓨터를 ________________ 만지다가 망가뜨려 버렸다.

4) ________________ 동생에게 매일 잔소리만 하면 결국 사이가 나빠진다.

5) 친구들이 이사를 ________________ 오더니 밥만 먹고 가버렸다.

3. 다음을 읽고 대화를 완성하십시오.

요즘 사람들 사이에서 1인 방송이 인기를 끌고 있다. 개인이 자체적으로 방송을 제작하기 때문에 초기 자본은 많이 필요하지 않으면서도 한번 인기를 끌면 다른 직업에 비해 상대적으로 돈을 쉽게 벌 수 있기 때문이다. 하지만 방송을 재미있게 하려고 폭력적인 행동을 하는 경우가 종종 있고 관심을 끌겠다는 이유로 비도덕적인 행동을 해서 이에 대한 법적·제도적 장치가 필요하다는 목소리가 나타나고 있다.

▼

가: 요즘 1인 방송이 선풍적인 인기를 끌고 있다는데요. 마이클 씨도 본 적 있어요?

나: 네, 저도 즐겨보는 방송이 몇 개 있어요.

가: 정말요? 저는 몇 번 보다가 중간에 그만뒀어요. 1) ________________ 너무 폭력적인 행동을 많이 하는 것 같아서요.

나: 맞아요. 요즘 그런 사람들이 많아서 조금 문제가 되고 있기는 해요. 2) ________________ 비도덕적인 행동을 해서 법적·제도적 장치가 시급하다는 이야기가 나오고 있어요.

선풍적　　　　비도덕적

4. 문자 메시지의 대화를 완성하십시오.

1)

가: 마이클, 오늘 왜 그렇게 일찍 갔어?
수업 끝나자마자 찾았는데 벌써 집에 가고 없더라.

나: 내 룸메이트가 어제 ____________ 늦게까지 불을 켜 놔서 한숨도 못 잤어.
너무 피곤해서 수업도 겨우 듣고 집에 오자마자 잤어.

2)

가: 수지야, 우리 오늘 몇 시에 만날까?

나: 저녁쯤 어때?
동생이 ____________ 부엌을 엉망으로 만들어 놔서 좀 치워야 할 것 같아.

더 생각해 보기

A/V-(ㄴ)는다면서

A/V-(ㄴ)는다고

4 A/V-기에 망정이지

시작하기 전에

- 횡단보도에 사람이 없었기에 망정이지 잘못하면 큰 사고가 날 뻔했어요.
- 눈이 많이 안 내렸기에 망정이지 하마터면 비행기가 이륙도 못 했을 거예요.

··· **예상보다 어렵거나 당황스러운 일이 생겼지만, 앞의 내용 덕분에 다행히 부정적인 결과가 발생하지 않았음을 나타낸다. 'A/V-기에 망정이지' 뒤에는 주로 '하마터면', '안 그랬으면' '-(으)ㄹ 뻔하다' 또는 '-았/었을 것이다'를 사용한다.**

- 사람들이 **친절하기에 망정이지** 안 그랬으면 지금도 길을 헤매고 있었을 거예요.
- 오늘 평소보다 일찍 집을 **나왔기에 망정이지** 하마터면 회사에 늦을 뻔했어요.
- 우산을 미리 **준비했기에 망정이지** 폭우로 인해 옷이 다 젖을 뻔했어요.
- 제주도 날씨가 생각보다 **따뜻하기에 망정이지** 더 추웠으면 새로 옷을 사야 했을 거예요.

가: 어제 축구 경기 봤어요? 아슬아슬하게 이겨서 계속 마음을 졸였어요.
나: 맞아요. 우리 팀 골키퍼의 실력이 **뛰어나기에 망정이지** 잘못하면 질 뻔했어요.

⊙ **'망정이지' 앞에 '-기에' 대신 '-아서/어서', '-(으)니', '-(으)니까'도 쓸 수 있다.**

- 그때 강아지를 **발견했기에 망정이지** 안 그랬으면 길에서 죽었을 거예요.
- 그때 강아지를 **발견해서 망정이지** 안 그랬으면 길에서 죽었을 거예요.
- 그때 강아지를 **발견했으니(까) 망정이지** 안 그랬으면 길에서 죽었을 거예요.

⊙ **명사의 경우 'N(이)기에' 또는 'N였/이었기에'의 형태로 사용한다.**

- 어제가 **휴일이었기에 망정이지** 평일이었으면 제시간에 출근도 못했을 거예요.
- 요즘 **방학이기에 망정이지** 이렇게 더운 날에는 학교에서 공부하기 힘들 것 같아요.
- 그분이 **의사였기에 망정이지** 하마터면 그 부상자는 구급차가 오기도 전에 죽을 뻔했어요.

하마터면	폭우	아슬아슬하다	마음을 졸이다

연습

1. 〈보기〉와 같이 연결하고 문장을 완성하십시오.

> **보기**
> 안전벨트를 하다 ———— 안 그랬으면 크게 다치다
> 안전벨트를 **했기에 망정이지** 안 그랬으면 크게 **다쳤을 뻔했다**.

1) 친구가 돈을 빌려주다 •	• 큰 인명사고가 나다
2) 이번에 건강검진을 받으시다 •	• 할머니께서 큰 수술 받으시다
3) 등산객이 별로 다니지 않는 길이다 •	• 결혼 준비할 때 은행에서 대출을 받다
4) 적금을 미리 모아두다 •	• 시장에서 바가지를 쓰다
5) 마리아 씨가 한국어를 유창하게 잘하다 •	• 이번 달 하숙비를 못 내다

1) ______________________________.

2) ______________________________.

3) ______________________________.

4) ______________________________.

5) ______________________________.

2. 다음 대화를 완성하십시오.

1) 가: 며칠 후면 크리스마스라 식당 예약하기가 너무 힘든 것 같아요.

나: 맞아요. 저도 한 달 전에 ______________ 예약 못 할 뻔했어요.

2) 가: 어제 교통사고가 났었다면서요? 몸은 괜찮아요?

나: 네, 다행히 상대편 차를 미리 ______________ 대형 사고로 이어질 뻔했어요.

3) 가: 저기 식사하는 분은 마이클 씨 같은데, 옆에 계신 분은 누구예요?

나: 마이클 씨의 여동생이에요. 저랑 아는 ______________ 서로 사귀는 줄 알겠어요.

4) 가: 앤디 씨, 오늘 시험은 잘 봤어요?

나: 네, 미리 조금씩 ______________ 벼락치기로 했으면 시험에 떨어질 뻔했어요.

5) 가: 왕명 씨, 어제 집들이 잘 했어요? 음식은 모자라지 않았어요?

나: 네, 다행히 사람들이 많이 ______________ 하마터면 음식이 모자랄 뻔했어요.

3. 다음 대화를 읽고 요약하십시오.

1)

왕명: 영수 씨, 여름휴가는 잘 다녀왔어요? 재미있었어요?

영수: 네, 생각보다 피서지에 사람이 많지 않아서 여유롭게 잘 다녀왔어요. 다만 중간에 친구가 갑자기 아파서 큰일 날 뻔했어요.

왕명: 정말요? 그 친구는 괜찮아요?

영수: 네, 다행히 출발할 때 비상약을 충분히 챙겨서 당황하지 않을 수 있었어요.

⋯› 영수 씨가 다행히 비상약을 ______________.

벼락치기

2)

마이클: 모두 도착했어요? 이제 회의를 시작할까요?

사람들: 아직 진나 씨가 도착하지 않았어요. 진나 씨에게 전화해 봐야겠어요.

마이클: (통화 중) 진나 씨, 어디예요? 잘 찾아오고 있어요?

진 나: 네, 길이 조금 복잡하지만, 내비게이션이 있어서 괜찮아요. 다행히 회의 시간 전까지 도착할 것 같아요.

⋯▸ 진나 씨가 내비게이션이 .

4. 다음 이메일을 완성하십시오.

받는 이: 왕명〈mwang@cau.ac.kr〉

보낸 이: 마리아〈maria@cau.ac.kr〉

안녕, 왕명.

잘 지내고 있어? 난 벌써 고향에 돌아온 지 한 달이나 되었어.

다른 친구들이랑 선생님도 잘 지내고 계신지 궁금하네.

고향집에 돌아오니 가족들과 같이 지내서 좋긴 하지만, 한국 생활이 그립기도 해.

다행히 직장에 한국인 동료가 1) 벌써 한국어를 잊어버릴 것 같아서 걱정이야. 한국인 동료 이름은 김수지 씨인데 정말 친절해. 나랑 점심을 같이 먹는데 점심시간에는 꼭 둘이 한국어로만 대화하기로 했어. 수지 씨가 가끔 한국 음식을 만들어 오기도 해.

여기는 벌써 날씨가 쌀쌀해졌어. 고향에 오랜만에 돌아와서 그런지 아직 적응이 안 된 것 같아. 오늘도 옷을 두껍게 2) 감기 걸릴 뻔했어.

한국은 어때? 왕명은 어떻게 지내는지 소식 알려줘.

건강하게 잘 지내.

X월 X일

– 마리아가 –

내비게이션	동료

5 A/V-기로서니

시작하기 전에

- 아무리 화가 나기로서니 헤어진다는 말을 그렇게 쉽게 할 수 있니?
- 회사에서 스트레스를 좀 받기로서니 매일같이 술만 마시면 안 된다.

앞에 나타난 상황은 인정하면서도, 그 사실이 뒤의 상황의 이유나 조건이 될 수 없음을 나타낸다. 앞에 나타난 이유가 충분하지 못할 뿐 아니라, 뒤에 나타난 사실이 예상보다 지나침을 의미한다. 주로 '아무리'와 같이 사용하며, 뒤의 문장은 되물어보거나 부정하는 뜻의 문장의 형태로 사용해서 화자가 부정적이거나 마음에 들지 않음을 나타낸다.

- 아무리 돈이 **많기로서니** 그렇게 돈을 흥청망청 쓰면 안 된다.
- 아무리 길이 **막히기로서니** 평소보다 두 시간이 더 걸릴 수 있나요?
- 그 여자가 마음에 **들기로서니** 어떻게 만난 지 한 달 만에 결혼할 수 있었어요?
- 그 친구가 **밉기로서니** 일주일째 인사도 안 하고 지내면 되겠니?

가: 마리아 씨, 미안해요. 너무 오래 기다렸지요?
나: 아무리 **바쁘기로서니** 전화 한 통도 못 해요? 벌써 두 시간이나 지났잖아요.

⊙ **명사의 경우 'N(이)기로서니'의 형태로 사용한다.**

- 출시된 지 얼마 안 된 제품**이기로서니** 너무 비싸게 파는 거 아니야?
- 아무리 기념일**이기로서니** 너무 값비싼 선물만 요구하는 것은 잘못된 것 같다.
- 아무리 방학**이기로서니** 매일 12시가 되어서야 일어나는 것은 좀 심한 것 같아요.
- 어린아이**기로서니** 밖에서 식사할 때 기본적인 예절을 지키지 않는 것은 말도 안 된다.

흥청망청

⦿ **과거 시제는 동사와 형용사 모두 'A/V-았/었기로서니'의 형태로 사용한다.**

- 제가 일을 조금 **도와줬기로서니** 저에게 일을 다 맡겨 버리면 어떻게 해요.
- 지각할까 봐 걱정하는 마음은 알겠지만 아무리 **급했기로서니** 신호등도 안 보고 길을 건너면 안 된다.

가: 제가 어제 무슨 말을 했어요? 도무지 기억이 나지 않아요.
나: 아무리 술에 **취했기로서니** 어떻게 기억을 못 할 수가 있어요?

연습

1. 〈보기〉와 같이 연결하고 문장을 완성하십시오.

보기 회사 일이 힘들다 ———— 그만둔다는 말을 자주 하면 안 되다
회사 일이 좀 **힘들기로서니** 그만둔다는 말을 자주 하면 안 되겠어요?

1) 아이돌 가수를 좋아하다	•	•	하루 종일 아무것도 안 먹다
2) 그 친구가 밉다	•	•	퇴근 시간 전에 퇴근할 수 있다
3) 다이어트를 하다	•	•	그런 말을 하다
4) 친한 친구 사이이다	•	•	일주일째 인사도 안 하고 지내다
5) 빨리 일을 끝마치다	•	•	학교도 결석하고 콘서트에 가다

1) ______________________________.

2) ______________________________.

3) ______________________________.

4) ______________________________.

5) ______________________________.

2. 다음 대화를 완성하십시오.

1) 가: 다음 주에 중요한 회의가 있어서 이번 주말에 우리 팀은 모두 출근해야 할 것 같네요.

나: 어떻게 그럴 수 있어요? 아무리 ______________ 주말도 없이 일할 수는 없지요.

2) 가: 요즘 스트레스를 받았더니 3일 만에 살이 10kg이나 쪘어요.

나: 뭐라구요? 아무리 스트레스를 ______________ 어떻게 순식간에 살이 찔 수 있어요?

3) 가: 그 식당에서 먹으려면 한 시간 정도 줄을 서야 한다고 해요.

나: 아무리 식당이 ______________ 그렇게 오랫동안 줄을 서는 것은 너무 힘들 것 같아요.

4) 가: 흐엉 씨가 요즘 하루 종일 게임만 한다고 들었어요.

나: 아무리 게임을 ______________ 그렇게 오랫동안 하면 당연히 눈도 나빠지고 건강에 안 좋을 거예요.

5) 가: 지난번 협상 실패로 인해 이번 계약이 취소될 것 같다는 소문을 들었어요.

나: 정말요? 아무리 협상에 ______________ 그동안 추진해온 계약을 중단한다는 건 말이 안 되잖아요.

협상

3. 다음을 읽고 대화를 완성하십시오.

대통령 선거가 일주일 후로 다가오면서 후보자들의 선거 유세가 연이어 계속되고 있다. 어젯밤에 진행된 TV 토론에서도 각 후보자들은 각자의 공약을 내세우기보다는 상대편 후보자를 헐뜯기에 열을 올려서 국민들의 원성 또한 높아지고 있다.

▼

가: 유진 씨, 어제 대통령 선거 TV 토론 봤어요?

나: 네, 후보자들의 공약이 궁금해서 봤는데, 아무도 공약 이야기를 하지 않아서 실망했어요.

가: 맞아요. 아무리 지지율을 ________________ 상대방을 헐뜯기만 하면 되겠어요?

4. 다음 상황을 보고 아래의 의견을 완성하십시오.

1)

〈상황1〉

대학교 4학년인 학생 김 모 군이 마지막 시험에서 옆 자리에 앉은 학우의 답안지를 보고 써서 논란이다. 김 모 군은 이번 시험 성적에 따라 취업 결과가 결정될 수 있기 때문에 자기도 모르게 했다고 실토했다.

··· ________________________________ 다른 사람 답안지를 베껴서는 안 된다.

2)

〈상황2〉

가난한 노숙자가 일주일 가까이 밥을 한 끼도 먹지 못하자 서울역 근처 빵집에서 빵 하나를 훔치는 사건이 발생했다. 빵집 주인은 용서해 주었지만 신고를 받은 경찰은 어쩔 수 없다며 노숙자를 경찰서로 끌고 갔다.

··· ________________________________ 물건을 훔쳐서는 안 된다.

(공약을) 내세우다　　　실토하다　　　노숙자

13

유사 표현

① V-다시피 하다

1 V-다시피 하다

시작하기 전에

- 산간 지역은 화재로 인한 피해가 심각해서 집을 거의 새로 짓다시피 했다.
- 마이클 씨는 요즘 회사 일이 너무 바빠서 거의 회사에서 밤을 새우다시피 한다.

1. 실제로 어떤 행위가 완전히 이루어지는 것은 아니지만 그 행위에 가까운 행동을 함을 나타낸다. 주로 그 상황을 강조하기 위해 표현한다.

- 진나 씨는 시험 때만 되면 벼락치기를 하느라 도서관에서 매일 **살다시피 한다**.
- 그 학과는 입학 경쟁률이 너무 치열해서 학생들이 지원을 거의 **포기하다시피 했다**.
- 맞벌이 부부가 바쁘다는 핑계로 **방치하다시피 하는** 아이들에 대한 복지 제도가 필요하다.
- 그 감독의 영화는 세계적으로 인기가 많아서 개봉만 하면 국제영화제에서 상을 **휩쓸다시피 한다**.

가: 왕명 씨는 룸메이트와 사이가 좋아요?

나: 네, 지금은 잘 지내요. 하지만 처음에는 잘 맞지 않아서 매일 **싸우다시피 했어요**.

⊙ **현재 진행되고 있는 상태를 나타낼 때는 주로 'V-다시피 하고 있다'의 형태로 사용한다.**

- 최근에 홍보 중인 진공청소기는 주부들 사이에 인기가 좋아서 거의 시장을 **독점하다시피 하고 있다**.
- 5중 추돌 사고로 인해 주말 나들이 차량들의 교통 체증이 매우 심각해져 거의 모든 도로가 **마비되다시피 하고 있다**.

가: 제니 씨, 얼굴이 안 좋아 보여요. 무슨 일이 있어요?

나: 네, 어제 배탈이 나서 하루 종일 **굶다시피 하고 있어요**.

산간	방치하다	휩쓸다	독점하다	마비되다

⋯› **2. 상대방이 이미 알고 있는 사실을 다시 확인할 때는 'V-다시피'의 형태로 사용한다. 이때 'V-다시피'는 'V-듯이'와 바꿔 쓸 수 있다. 이때는 주로 '보다, 알다, 느끼다, 짐작하다' 등 지각을 나타내는 동사와 같이 쓰여, 상대방이 말하는 사람의 말을 인식하고 있음을 드러낸다.**

- 지난번 회의에서 **말씀드렸다시피**, 오늘은 '인공 지능과 인간의 나아갈 방향'을 주제로 이야기 하겠습니다.
  = 지난번 회의에서 **말씀드렸듯이**, 오늘은 '인공 지능과 인간의 나아갈 방향'을 주제로 이야기 하겠습니다.
- 여러분도 **아시다시피** 최근 층간소음으로 인한 주민들의 민원이 급증하고 있습니다.
  = 여러분도 **아시듯이** 최근 층간소음으로 인한 주민들의 민원이 급증하고 있습니다.

연습

1. 〈보기〉와 같이 연결하고 문장을 완성하십시오.

보기 그는 너무 피곤해서 거의 쓰러지다 ———— 침대에 눕다
그는 너무 피곤해서 거의 **쓰러지다시피** 하며 침대에 누웠다.

1) 매일 밤 룸메이트와 야식을 먹다 •	• 세계적인 피아니스트가 되다
2) 초등학교 때부터 매일 12시간을 연습하다 •	• 한 달 만에 10kg이나 찌다
3) 어렸을 때 공부는 하지 않고 매일 게임만 하다 •	• 스마트 폰의 보급으로 거의 사라지다
4) 과거에는 공중전화가 거리마다 설치되다 •	• 결국 과로로 쓰러지고 말다
5) 민수는 중요한 시험이 있어서 도서관에서 살다 •	• 유명한 게임 개발자가 되다

민원　　보급　　극성스럽다

1) .

2) .

3) .

4) .

5) .

2. 다음 대화를 완성하십시오.

1) 가: 진나 씨, 동창회에 오기 싫다더니 결국 왔네요.

나: 저는 동창회에 참석하고 싶지 않았는데, 마이클 씨가 억지로 .

2) 가: 민수 씨는 어떻게 스킨스쿠버 자격증을 따게 되었어요?

나: 지난 여름방학에 우연히 스킨스쿠버를 접한 이후로 매일 바다에서 .

3) 가: 박사님, 이번 제품은 정말 독특한데요. 어떻게 개발하신 거죠?

나: 기존 제품과 다르게 만들려고 매일 밤을 만들었습니다. 노력은 결코 배신하지 않더군요.

4) 가: 유진 씨, 얼마 전에 다녀온 제주도 여행이 어땠어요?

나: 처음 가는 여행이라 걱정했는데, 제주도에 사는 친구 덕분에 저는 거의 친구만 .

5) 가: 마리아 씨, 이 기사 봤어요? 배우 제니 씨가 다시 활동을 재개한다고 하네요.

나: 네, 지난번 사건으로 인해 거의 모든 활동을 , 이번에 다시 복귀한다고 하네요.

억지로	스킨스쿠버	재개하다	복귀하다

3. 다음 대화문을 완성하십시오.

앤디: 진나 씨, 저 돈 좀 빌려줄 수 있어요?

진나: 앤디 씨, 무슨 일이 있어요? 월급을 받은 지 얼마 안 된 것 같은데요.

앤디: 처음으로 월급을 받은 것이 좋아서 백화점이나 쇼핑센터로 매일같이 1) 돈을 썼더니 남은 돈이 거의 없어요.

진나: 그랬군요. 앤디 씨는 저축하는 습관부터 길러야겠군요. 저는 어렸을 때부터 돈을 거의 안 2) 돈을 모았어요. 그랬더니 저축하는 것이 습관이 되어 버렸어요.

앤디: 우와~ 진나 씨는 정말 대단하네요. 저도 다음 달부터는 열심히 저축을 해야겠어요.

4. 다음 일정표를 보고 대화를 완성하십시오.

〈중앙 유학생 축제 순서〉

10:00~10:30	개회식 및 담당자 인사말
10:30~11:00	이상한 나라의 '태권소녀' - 태권도 수업
11:00~11:30	21세기판 '심청전' 연극
11:30~12:00	모두가 하나 되는 'K-pop' 댄스 배우기
12:00~12:30	마지막 축하 공연 - 초대가수

토 니: 사오리 씨, 축제 일정표가 나왔는데, 봤어요?

사오리: 네, 저는 이번에는 꼭 k-pop 댄스를 배워 보고 싶어요. 그런데 수업이 11시 20분에 끝나서 1) 해야 할 것 같아요.

토 니: 정말요? 저는 마리아 씨가 참여하는 '심청전' 연극을 볼까 해요.

사오리: 저도 그것도 보고 싶은데, 수업 중이라 도저히 시간이 안 되네요. 요즘 마리아 씨가 연극 준비를 하느라 연습실에서 거의 2) 한다고 들었어요.

토 니: 맞아요. 제가 동영상도 찍어서 사오리 씨도 보여 드릴게요.

사오리: 고마워요, 토니 씨.

더 생각해 보기

A/V-듯이

V-는 바와 같이

14

의도 표현

① V-고자 하다

1 V-고자 하다

시작하기 전에

- 어려운 시기를 같이 이겨낸 가족들과 이번 수상의 기쁨을 함께 누리고자 합니다.
- 작가 마리아 씨는 이번에 출시한 신간 『일상과 행복』에서 현대인들이 느끼는 소소한 일상의 소중함을 보여 주고자 했습니다.

1. 어떤 행동을 하려는 목적을 나타내거나 그 행동이 이루어지기를 바라는 마음을 나타낼 때 사용한다.

- 이번 대회에 참여하시는 분들께는 소정의 상품을 모두 **드리고자 합니다**.
- 이 영화를 통해 감독이 관객들에게 **말하고자 한** 것은 인간과 자연이 조화를 이루며 살아야 한다는 것이다.
- 서울시에서 어린이들을 대상으로 하는 캠페인을 **만들고자 한** 이유는 학교 주변에서 발생하는 범죄가 증가하고 있기 때문입니다.

가: 올해 모인 성금은 어디에 쓰실 계획입니까?

나: 혼자 사는 저소득층 노인이나 치매로 고통받는 노인들을 **돕고자 합니다**.

2. 공식적인 발표나 안내, 논문이나 업무와 관련된 글쓰기 등과 같이 격식적인 상황에서 자주 사용한다.

- 저는 오늘 이 자리를 마지막으로 **은퇴하고자 합니다**.
- 이 연구에서는 현대인들의 식습관이 건강에 미치는 영향에 대해 **이야기하고자 합니다**.
- 제가 이 회사에 들어오게 된다면, 누구보다도 성실하며 솔선수범해서 일하는 사람이 **되고자 합니다**.

신간	소소하다	소정	캠페인	솔선수범하다

⊙ **말하는 사람의 목적, 희망을 나타내므로, 부정 표현인 'V-고자 안 하다/못 하다' 등을 사용 하지 않는다.**

- 이번 대회를 끝마친 후의 일정은 기자회견 때 **말씀드리고자 합니다**.
  - ★ 이번 대회를 끝마친 후의 일정은 기자회견 때 **말씀드리고자 안 합니다**. (x)
  - ★ 이번 대회를 끝마친 후의 일정은 기자회견 때 **말씀드리고자 못 합니다**. (x)

⊙ **'V-고자'의 형태로 문장 중간에서 연결어미의 형태로 사용되기도 한다.**

- 다른 사람에게 **인정받고자** 한다면 먼저 열심히 노력하는 것이 필요하다.
- 일단 그 목표를 **실천하고자** 결정했다면 포기하지 말고 끝까지 시도해 보는 것이 좋다.

연습

1. 알맞은 것을 골라 문장을 완성하십시오.

쏟다	경험하다	채용하다	입증하다	다녀오다

1) 이번 여름 방학에는 그동안 모은 아르바이트비로 유럽 배낭여행을 ________________.

2) 지금 같은 불경기에 신입사원을 ________________ 이유는 우리 회사를 이끌어가는 원동력이 인재 양성이기 때문입니다.

3) 제가 다른 사건은 모두 물리치고 이 사건에만 시간과 노력을 ________________ 데에는 많은 사람들의 응원이 있었기 때문입니다.

4) 새로 개발된 신약의 최종 검사를 통해 신약의 우수성과 부작용이 없음을 ________________.

5) 최고의 교육과 시설을 ________________ 우리 학교에 지원하시기 바랍니다.

원동력	제치다	쏟다	입증하다

2. 알맞은 것을 골라 글을 완성하십시오.

인기를 얻다	찾다	나아가다

오늘 〈영화가 좋다〉에서 소개해 드릴 영화는 '행복'입니다. 이번 주말에 새로 개봉할 예정인 이 영화는 세 자매가 각자의 행복을 1) ________________ 과정을 담고 있습니다. 실제로 여기에 등장하는 자매들의 이야기는 작가가 겪었던 실화를 바탕으로 하고 있습니다. 끊임없이 고난이 닥치지만 그 속에서도 서로를 이해하고 자신의 목표를 향해 2) ________________ 자매들의 이야기를 그린 작품입니다.

작가는 인터뷰에서 "행복은 우리가 생각하는 거대한 것이 아닙니다. 이 영화를 통해 대중적인 3) ________________ 욕심도 없습니다. 단 1명이라도 제 영화를 통해 행복을 느낄 수 있다면 저는 그것만으로도 행복합니다."라고 말했습니다.

여러분도 이 영화를 통해 여러분만의 행복이 무엇인지, 그것을 다시 생각해 보는 시간이 되셨으면 좋겠습니다.

3. 알맞은 것을 골라 기사문을 완성하십시오.

배우다	제공하다	보탬이 되다

1)

서울시에서는 장마철을 맞아 수해로 피해를 입은 이재민들을 대상으로 '특별 수해 정책'을 신설하여 조금이라도 ________________. 지원 신청은 다음 주 월요일부터 가능하며, 지원 대상은 서울시에 거주하는 주민이면 누구나 해당합니다. 또한 수해 지역 침수 제품에 대해서는 무상 수리 서비스를 ________________ 해당 센터에 접수하시기 바랍니다.

실화	닥치다	거대하다	수해	이재민
신설하다	보탬	침수		

2)

지난 토요일에 외국인 유학생들을 대상으로 열렸던 제30회 "한국어 말하기 대회"에서는 중앙대학교에 재학 중인 왕명 씨가 1등을 차지하였습니다. 심사 위원들은 "외국인 유학생들의 한국어를 ________________ 열정을 느낄 수 있는 귀중한 시간이었으며 학생들이 열심히 공부하고 있는 모습에 큰 감동을 느꼈다"는 소감을 밝혔습니다. 이 대회에서 1등을 차지한 학생에게는 매년 소정의 장학금이 주어지며 1년 동안 한국어 홍보 대사로 활동할 수 있는 자격이 부여됩니다.

더 생각해 보기

V-(으)려고 하다/들다

홍보 대사　　　부여되다

15

정도 표현

① A/V-다 못해(서)

1 A/V-다 못해(서)

시작하기 전에

- 김 과장이 신입 사원의 미숙한 일처리를 보다 못해 직접 나섰다.
- 민수 씨는 사람이 착하다 못해 바보 같다는 소리까지 들을 정도이다.

…› **어떤 상태나 행위가 더 이상 진행할 수 없을 정도로 그 정도가 극도에 이르렀음을 나타낼 때 사용한다.**

- 그 연주자는 아픈 상태로 무리하게 공연을 진행하다가 **견디다 못해** 쓰러지고 말았다.
- 위층에서 계속된 층간소음으로 인해 **참다못해** 결국 항의하고 말았다.
- 계속된 전쟁으로 인해 많은 난민들이 **굶주리다 못해** 불법으로 국경을 넘어 탈출하고 있다.
- 올해는 일찍부터 시작된 열대야 현상으로 인해 밤에도 **덥다 못해** 뜨겁게 느껴질 정도이다.

가: 줄리아 씨가 만든 음식 먹어 봤어요?

나: 네, 지난번 집들이 때 먹었는데 너무 맛있어서 배가 **부르다 못해** 터지는 줄 알았어요.

★'참다 못하다'는 '참다못해'로, '듣다 못하다'는 '듣다못해'와 같이 붙여서 사용하는 경우가 있다. '생각하다 못해'는 줄여서 '생각다 못해'로 사용하기도 한다.

⊙ **주로 말할 때나 비격식적인 상황에서 사용한다.**

가: 진나 씨, 어제 드라마 '비밀의 정원' 봤어요?

나: 네, 재미있긴 하지만, 내용이 **무섭다 못해** 소름까지 돋을 뻔했어요.

가: 아버지, 제가 집을 산 게 그렇게 기쁘세요?

나: 그럼, **기쁘다 못해** 춤까지 추고 싶구나.

미숙하다	굶주리다	국경	열대야	소름이 돋다	새집증후군

⊙ **앞, 뒤 내용의 주어가 같아야 하며, 주로 뒤 내용의 주어는 생략한다.**

- 저도 지난번에 이사한 집의 새집증후군으로 인한 피부병으로 **고생하다 못해** 결국 (저도) 이사 했어요.
- 제니 씨가 장거리 연애로 **힘들어하다 못해** (제니 씨가) 남자 친구와 헤어지고 말았어요.

⊙ **정도가 점점 심해짐을 나타낼 때 'A/V-다 못해 ~기까지 하다'의 형태의 표현으로 사용한다.**

- 왕명 씨는 유학 생활에 대한 스트레스가 **심하다 못해** 우울증에 걸리기까지 했다.
- 이번에 새로 나온 박유진 작가의 신간『사랑』을 읽다 보면 마음이 **따뜻하다 못해** 가슴이 뭉클해지기까지 한다.

⊙ **명령문이나 청유문에 사용하지 않는다.**

- 날씨가 너무 **덥다 못해** 에어컨을 켜. (X)
- 어머니의 잔소리를 **견디다 못해** 화를 내 버리자. (x)

뭉클하다

연습

1. 〈보기〉와 같이 연결하고 문장을 완성하십시오.

> **보기**
> 하루 종일 굶었더니 배가 고프다 ———— 배가 아플 지경이다
> 하루 종일 굶었더니 배가 **고프다 못해** 아플 지경이다.

1) 사오리 씨가 시험 스트레스로 괴로워하다 •	• 다이어트를 포기하고 야식을 먹다
2) 그는 친구를 기다리다 •	• 뜨거울 지경이다
3) 주말에 돌잔치에서 본 조카가 매우 귀엽다 •	• 병원에 입원하고 말다
4) 어젯밤에 배고픔을 참다 •	• 집으로 돌아가다
5) 새로 이사한 집은 방이 따뜻하다 •	• 깨물어 주고 싶을 정도이다

1) ______________________________.

2) ______________________________.

3) ______________________________.

4) ______________________________.

5) ______________________________.

2. 다음 대화를 완성하십시오.

1) 가: 요즘 학생들은 화장을 너무 많이 하는 것 같아요.

나: 맞아요. 어린 학생들도 ______________ 창백해 보일 정도로 화장을 하더라구요.

지경	창백하다

2) 가: 어제 시사회에 온 영화배우 봤어요?

나: 네, 가까이에서 보니 ______________ 눈이 부실 지경이었어요.

3) 가: 오늘 아침 회의에서 왜 부장님께 화를 냈어요?

나: 제가 잘못한 일이 아닌데 오해하셔서 ______________ 저도 모르게 화를 내고 말았어요.

4) 가: 사오리 씨, 많이 피곤해 보여요. 어젯밤에 잠을 잘 못 잤어요?

나: 네, 어제 옆집에서 파티를 하는지 ______________ 귀가 다 먹먹했어요.

한 시간도 제대로 못 잤어요.

5) 가: 토니 씨, 저 사람들은 왜 거리에 쓰러져 있어요?

나: 더운 여름에 봉사활동을 하다가 ______________ 쓰러진 것 같아요.

3. 알맞은 것을 골라 대화를 완성하십시오.

많다	아름답다	배가 부르다

앤디: 타오 씨, 부산 여행은 잘 다녀왔어요?

타오: 네. 기대했던 것보다 훨씬 재미있었어요. 광안대교의 야경은 1) ______________ 눈이 부실 정도였어요.

앤디: 오랜만에 스트레스도 풀고 좋았겠어요. 저도 다음 주에 부산을 가려고 하는데, 추천해 주실 만한 곳이 있어요?

타오: 해운대 근처에 있는 달맞이고개의 커피숍이요. 거기에서 커피를 마시며 보는 경치가 그만이에요. 그 커피숍은 인기가 많아서 기다리는 사람이 정말 많았어요. 기다리는 사람이 2) ______________ 줄이 도로까지 길게 있더라고요.

앤디: 그래요? 그 커피숍에 가봐야겠네요. 부산에서 맛있는 음식도 많이 먹었어요?

타오: 네, 저와 친구는 너무 많이 먹어서 3) ______________ 터지는 줄 알았어요.

먹먹하다

4. 문자 메시지의 대화를 완성하십시오.

1)

가: 마이클, 이사한 지 얼마 안 된 것 같은데, 왜 또 이사를 해?

나: 위층에서 하도 시끄럽게 뛰어서 ______________ 이사하기로 했어. 아마 다음 주말에 할 것 같아.

2)

가: 오늘 정말 미안해. 약속을 깜박 잊고 잠들었어. 많이 기다렸어?

나: 한 시간쯤 기다린 것 같아. 하도 연락이 없어서 ______________ 이제 집에 가는 길이야.

더 생각해 보기

어찌나 A-(으)ㄴ지

16

조건 표현

① V-기 나름이다
② V-노라면
③ V-(으)ㄹ라치면

1 V-기 나름이다

시작하기 전에

- 인생에서 행복의 기준은 그 사람이 정하기 나름이다.
- 건강한 육체와 균형 있는 몸매는 각자 관리하기 나름이니까 열심히 운동을 하는 것이 좋다.

⋯› 어떤 일이나 행동이 어떻게 하는지에 따라 그 결과가 달라질 수 있음을 나타낸다. '-(으)ㄹ 나름이다'의 형태로도 사용할 수 있다.

- 아이의 좋은 습관을 기르는 것은 부모가 **마음먹기 나름이다**.
- 이 개념은 학자마다 **정의하기 나름이라서** 여러 가지 뜻으로 쓰일 수 있다.
- 삶의 만족도는 본인이 **생각하기 나름이므로** 다른 사람들의 말에 휩쓸릴 필요가 없다.
- 유학 생활을 하는 동안 자신의 목표를 성취할 수 있는지의 여부는 각자 시간 **관리할 나름이다**.

가: 마이클 씨, 어제 생일 파티에서 줄리아 씨 봤어요?
나: 네, 평소와 달리 너무 예뻐서 깜짝 놀랐어요. 역시 사람은 **꾸미기 나름이에요**.

⊙ 주로 말할 때나 비격식적인 상황에서 사용한다. 전문적이거나 공식적인 상황에서는 잘 사용하지 않는다.

- 그 경기의 결과는 심판이 **판정하기 나름인** 것 같아서 관중들에게 공정성이 떨어진다는 이야기를 자주 들어요.

가: 줄리아 씨, 주말에 남자 친구와 입소문이 자자한 식당에 갔다면서요? 어땠어요?
나: 음식 맛은 **평가하기 나름인데** 제 입맛에는 딱 맞았어요.

가: 우리 집 강아지는 밥을 잘 안 먹는데, 어떻게 하면 좋을까?
나: 강아지도 다 **길들이기 나름이니까**, 교육을 잘 시키면 돼.

개념	성취하다	공정성	자자하다	길들이다

⊙ **명사의 상태나 성격에 달려 있다는 의미를 나타낼 때는 'N 나름이다'의 형태로 사용한다.**

- **책도 책 나름이라** 아무 책이나 아이들에게 추천해 줄 수는 없지요.
- 좋은 약이라고 해서 모두에게 맞는 것이 아니라 각자 **체질 나름인 것 같아요**.

연습

1. 〈보기〉와 같이 연결하고 문장을 완성하십시오.

보기 건강한 생활을 유지하다 ———— 자기가 노력하다
건강한 생활을 유지하는 것은 자기가 **노력하기 나름이다**.

1) 꿈을 이루다	•	•	부모가 어려서부터 가르치다
2) 목돈을 모으다	•	•	상대방의 마음을 이해하다
3) 듣기에 거북한 충고를 듣다	•	•	꼼꼼하게 계획을 세운 후에 실천하다
4) 친구와 좋은 관계를 유지하다	•	•	자기가 받아들이다
5) 아이가 규칙적으로 생활하는 습관을 기르다	•	•	월급을 알뜰하게 저축하고 돈을 합리적으로 소비하다

1) ______________________________.

2) ______________________________.

3) ______________________________.

4) ______________________________.

5) ______________________________.

거북하다　　　　알뜰하다

2. 다음 대화를 완성하십시오.

1) 가: 이 컴퓨터는 얼마나 오랫동안 사용할 수 있을까요?

나: 글쎄요. 컴퓨터도 ________________. 어떤 기능을 사용하는지에 따라 적게는 3~5년, 많게는 10년까지는 사용할 수 있을 거예요.

2) 가: 유진 씨, 한국에서는 어디에 가면 물건을 가장 싸게 살 수 있어요?

나: 보통 시장에서는 주인이 물건값을 ________________ 남대문 시장이나 광장 시장에 가 보세요.

3) 가: 요즘 여름철이라 그런지 우리 딸이 체력도 약해지고 많이 피곤해 하는 것 같아요.

나: 아이들은 부모가 ________________ 맛있는 음식도 해 주고 좀 더 챙겨줘야겠어요.

4) 가: 부장님, 이번 하반기에는 아무래도 예산이 부족해서 공사 관련 인건비를 절감해야 할 것 같은데요.

나: 글쎄, 예산은 ________________ 최대한 인건비 손실을 줄이는 방향으로 해 보면 어떨까?

5) 가: 이번 프로젝트의 취지에 대해 직원들의 반발이 심할까 봐 걱정이에요.

나: 그건 ________________ 처음에 기획했던 대로 프로젝트의 목적을 이야기해 보세요.

인건비	절감하다	손실	반발

3. 알맞은 것을 골라 대화를 완성하십시오.

마음먹다	노력하다	사용하다

1)

사오리: 왕명 씨, 요즘 안색이 좋지 않아요. 무슨 일이 있어요?

왕 명: 회사를 새로 옮겼는데, 사람들이 모두 저를 싫어하는 것 같아요. 친해지기가 쉽지 않네요.

사오리: 그럴 리가요. 처음에는 낯설지만, 인간관계는 서로 ______________. 왕명 씨가 먼저 다가가고 이해하려고 하면, 상대방도 진심을 알아줄 거예요.

왕 명: 네, 고마워요. 사오리 씨 말대로 해 볼게요.

2)

다니엘: 지난번에 새로 산 게임기가 벌써 고장 난 것 같아. 주말에 새로 사러 가야겠어.

진 나: 벌써? 아직 산 지 한 달밖에 안 된 것 같은데.

다니엘: 이상하게 나는 다른 사람들보다 전자 제품을 자주 구매하는 것 같아.

진 나: 전자 제품은 ______________ 이번에는 조심해서 사용해 봐.

3)

제인: 이번 시험도 너무 어려울 것 같아서 걱정이에요. 벌써 긴장돼서 아무 생각도 나지 않아요.

민수: 모든 일은 제니 씨가 ______________. "난 잘할 수 있어!" 라고 자기 암시를 해 보세요.

제인: 네, 고마워요. 민수 씨 말대로 열심히 자기 암시를 해야겠어요.

자기 암시

4. 다음 기사문을 보고 대화를 완성하십시오.

아이들의 성격에 가장 영향을 미치는 것은 다름 아닌 '부모와 같이 보내는 시간'이라는 연구 결과가 나왔다. 김 박사가 20여 년 동안 아이와 부모와의 관계에 대해 연구한 프로젝트에 따르면, 아이들은 부모와 시간을 얼마나 보내는지에 따라 의존도, 성실도, 적극성, 참을성 등의 요소가 형성된다고 한다. 또한 아이들이 버릇없다고 해서 단순히 혼내는 것이 아니라 부모가 이를 교육하겠다는 의지에 따라 충분히 변화할 수 있다는 점을 강조하였다.

▼

가: 유진아, 어제 그 기사 봤어? 아이들에게는 아무래도 부모와 함께 하는 것이 가장 중요한 것 같아.

나: 당연하지. 아이들의 성격을 형성하는 데는 역시 부모가 가장 큰 역할을 하지.

가: 그러게 말이야. 어제 우리 조카가 식당에서 말 안 듣는다고 혼났는데 결국 어른들 잘못이었어.

나: 그런 것을 보면 어른들이 제대로 모르고 괜히 아이만 야단치는 것 같기도 해.
부모가 ____________ 지금부터 잘 가르치면 달라질 수 있을 거야.

더 생각해 보기

A/V-기에 달려 있다

A/V-느냐에 따라 다르다

의존도	성실도	참을성

2 V-노라면

시작하기 전에

- 지금처럼 열심히 공부하노라면 언젠가 한국어 시험에 합격할 것이다.
- 희망을 가지고 계속 사노라면 좋은 날이 오겠지.

⋯› **앞에 나타나는 상태나 행동을 계속 지속하다 보면 뒤의 상황이나 상태에 이르게 됨을 말할 때 사용한다.**

- 외국에서 혼자 **생활하노라면** 가끔 외롭거나 힘들 때도 있다.
- 지금 하는 일이 힘들지만 사람들이 제가 만든 물건을 받고 좋아하는 모습을 **보노라면** 피로가 다 사라지는 것 같다.
- 이번 공모전에서는 탈락했더라도 지금처럼 계속 포기하지 않고 **도전하노라면** 언젠가 내 작품이 당선될 것이다.
- 여름방학에 배낭여행을 다녀온 선배의 이야기를 **듣노라면** 어느새 나도 그 장소에 가 있는 것 같다.

가: 제가 요즘 대학 입학 준비를 하고 있는데 어떻게 해야 할지 모르겠어요.

나: 가끔은 선생님이나 주변 사람들에게 상담을 **하노라면** 쉽게 해결되기도 하더라고요.

⦿ **예스러운 느낌을 나타낸다.**

- 가을밤에 야경을 보면서 한강 주변을 **걷노라면** 감성적인 마음이 들곤 한다.
- 다른 나라의 문화와 사람들의 사고방식은 다양하므로 세계여행을 **하노라면** 많은 경험을 쌓을 수 있다.

공모전 예스럽다

연습

1. 알맞은 것을 골라 문장을 완성하십시오.

보다	걷다	바라보다	계속하다	이야기하다

1) 아이들과 ______________ 어느새 지친 일상에서 벗어나 내 마음도 맑고 순수해지는 것 같다.

2) 항상 아이를 돌보랴 직장 일을 하랴 바쁜 직장 여성들의 모습을 ______________ 정말 대단하다는 생각이 든다.

3) 지금은 비록 가난한 화가이지만 작품 활동을 ______________ 언젠가는 사람들에게 인정받는 미술가가 될 것이다.

4) 경복궁 뀔내를 ______________ 나도 모르게 옛 조선 시대의 인물이 된 것 같은 느낌이다.

5) 산에 오르기 전에는 몰랐는데 정상에 올라 탁 트인 풍경을 ______________ 그동안 쌓인 스트레스가 모두 해소되는 것 같다.

2. 다음 문장을 완성하십시오.

1) 저출산 현상이 ______________ 세계 인구의 절반이 줄어들지도 모른다.

2) 비록 적은 돈이지만 매일 ______________ 1년 후에는 많이 모을 수 있을 거야.

3) ______________ 봉사하는 과정에서 많은 것을 배우고 보람도 느낄 수 있어요.

4) 이 가수의 음악을 ______________ 가사를 통해 어느새 저도 위로 받는 것 같아요.

5) 이 호숫가를 ______________ 고향에 있는 호숫가를 걷고 있는 것 같아 마음이 편해진다.

트이다	호숫가

3. 알맞은 것을 골라 기사문을 완성하십시오.

듣다	피우다	취하다

1)

최근 10년 사이에 청소년들의 흡연율이 이전보다 빠르게 증가하였다. 흡연을 시작하는 연령도 남학생은 14세, 여학생은 15세까지 내려오면서 청소년들의 흡연 문제가 심각하다는 것을 보여 주고 있다. 담배에는 중독성이 있으므로 처음에는 호기심으로 시작했으나 조금씩 ____________ 어느새 나도 모르는 사이 중독될 수 있게 된다. 그러므로 청소년들이 사전에 흡연을 하지 않도록 흡연 예방 캠페인이나 흡연 방지 교육을 매 학기별로 실시해야 할 것이다.

2)

요즘 대부분의 사람들이 스마트폰을 보유하게 되면서 SNS를 사용하는 사람들이 많아졌다. 아침에 눈을 뜨자마자 자신의 SNS를 확인하는 것으로 시작하여 밤에 자기 직전까지 손에서 스마트폰을 놓지 못하는 것이 현실이다. 특히 이러한 사람들 중에는 과다한 SNS 사용으로 인해 오히려 스트레스에 시달리는 사람들이 증가하고 있다. 이러한 현상을 'SNS 피로 증후군'이라고 한다. 이 증후군에 만성적으로 시달리는 사람들은 잠시라도 SNS 휴식 시간을 ____________ 가상공간이 아닌, 현실 생활을 더 활기차게 생활할 수 있을 것이다.

3)

어제 이산가족을 대상으로 한 음악회가 성공리에 마무리되었다. 음악회 시작 전 인터뷰에서는 '고향을 떠난 지 70년이 지나서 고향의 모습을 쉽게 떠올리기 힘들다'는 의견이 대부분이었다. 하지만 음악회가 끝난 후에는 '음악을 ____________ 어느새 고향 모습이 눈 앞에 펼쳐지는 듯했다'고 청중들이 모두 입을 모았다. 이산가족들의 아픔과 외로움을 위로하고자 한 음악회의 취지가 돋보였다.

증후군	만성적	휴식을 취하다	청중

4. 다음 편지를 완성하십시오.

유진이에게

유진아, 잘 지내고 있니?

벌써 고향을 떠난 지도 일 년이 되었구나.

할머니는 유진이가 보내 준 선물 잘 받았단다.

먼 곳에서 열심히 공부하면서 할머니 선물까지 챙겨줘서 너무 고마워.

할머니가 매일 밤마다 우리 유진이가 잘 지낼 수 있도록 기도하고 있단다.

아무래도 혼자 1) ________________ 힘든 일이 많을 텐데 늘 밝은 목소리로 전화해 줘서 고마워. 가끔 힘든 일이 있으면 할머니에게 전화해서 이야기해도 괜찮아.

혼자서도 밥 잘 챙겨 먹고, 건강하게 지내는 게 최고란다.

지금은 힘들어도 열심히 2) ________________ 유진이가 하고 싶은 일 모두 할 수 있을 거야.
그럼 또 소식 전해 주렴.

20XX년 X월 X일

– 할머니가–

더 생각해 보기

A/V-다(가) 보면

3 V-(으)ㄹ라치면

시작하기 전에

- 제가 돈을 좀 모을라치면 꼭 목돈이 필요한 상황이 생기는 것 같아요.
- 도서관에서 공부 좀 할라치면 동아리 친구들한테서 놀자고 연락이 온다.

···› **앞에 나타난 행동을 조건으로 할 때 당연히 뒤의 상황이나 행동이 이어짐을 나타낸다. 그 결과 그 행동을 하기 힘들거나 하지 못했음을 의미한다.**

- 날씨가 좋다가도 학교에서 소풍을 **갈라치면** 폭우가 쏟아진다.
- 마음먹고 공부하려고 책상에 **앉을라치면** 친구에게서 전화나 문자가 온다.
- 요즘 피곤해서 그런지 자기 전에 책 좀 **읽을라치면** 어느새 잠이 들어 있다.
- 모처럼 남자 친구와 만나기로 약속을 **할라치면** 회사에서 야근을 하라고 한다.

가: 제인 씨, 지금까지 밥도 못 먹고 뭐 했어요?

나: 말도 마세요. 제가 밥 좀 **먹을라치면** 아기가 깨서 울어대는 통에 한 술갈도 못 먹었어요.

⊙ **주로 말할 때 사용하며, 비격식적 상황에서 사용한다.**

- 제가 낮잠만 **잘라치면** 위층에서 아이들이 소리 지르면서 뛰어다녀요.
- 제가 회사에 일찍 **올라치면** 꼭 지하철이나 버스가 고장이 나는 것 같아요.
- 기분이 우울해서 친구를 **만날라치면** 다들 약속이 있거나 바쁘다고 하네요.

가: 지난 주말에 새로 산 옷을 왜 안 입고 왔어요?

나: 제가 새 옷을 입고 **나갈라치면** 이미 동생이 입고 나가 없더라고요.

모처럼

연습

1. 알맞은 것을 골라 문장을 완성하십시오.

쉬다	다녀오다	예약하다	우승하다	산책하다

1) 그 선수는 대회에서 ______________ 항상 마지막에 아슬아슬하게 진다.

2) 모처럼 날씨가 따뜻해서 아기와 같이 ______________ 꼭 소나기가 내려요.

3) 월급을 받아서 간만에 비싼 레스토랑에 가려고 ______________ 꼭 친구에게서 연락이 와요.

4) 잠깐 시간이 나서 화장실에 ______________ 고객들에게서 전화가 물밀듯이 온다.

5) 시험이 끝나서 제가 좀 ______________ 항상 과제가 산더미처럼 쌓여 있더라고요.

2. 다음 대화를 완성하십시오.

1) 가: 여보, 또 회사에 가는 거예요? 오늘은 대청소하기로 약속했잖아요.

나: 그러게 말이야. 모처럼 집안일을 ______________ 꼭 회사에서 연락이 오잖아.

2) 가: 성주 씨가 오늘도 출근하지 않았어요?

나: 네, 일이 많아서 성주 씨에게 일을 좀 ______________ 꼭 아파서 결근을 한다고 연락하더라고요.

3) 가: 앤디 씨, 왜 이렇게 오래 걸렸어요? 아까 출발한다고 하지 않았어요?

나: 제가 오랜만에 버스를 ______________ 항상 방금 전에 버스가 출발했더라고요.

4) 가: 진나 씨, 오늘 선착순 200명에게만 준다는 할인 상품을 받았어요?

나: 아니요. 제가 ______________ 꼭 제 앞에서 할인 상품이 마감돼요.

5) 가: 영수 씨, 이번에 내한한다는 가수의 공연 티켓은 예매했어요?

나: 아니요. 제가 티켓을 ______________ 이미 모두 매진되었더라고요.

산더미	결근	내한하다

3. 일기를 완성하십시오.

X월 X일 X요일 날씨: 비.

오늘은 회사에서 신제품 기획에 대한 프레젠테이션을 하는 날이었다. 한 달 동안 우리 팀 모두 야근하면서 준비한 것이라 긴장된 마음에 잠이 잘 오지 않았다. 혹시 늦을까 봐 알람을 3개나 맞추어 놓았지만 결국 늦잠을 자고 말았다. 시간이 부족해서 평소에 버스를 타고 가던 거리를 택시를 타고 가기로 했다. 하지만 내가 택시만 1) ____________ 앞에서 다른 사람들이 새치기하며 타고 가서 짜증이 났다. 다행히 출근 시간 5분 전에 회사에 도착했다.

회의실에 모인 사람들 앞에서 발표를 하는데 꼭 내가 중요한 부분을 2) ____________ 사람들의 휴대 전화 벨소리가 울려서 깜짝 놀라거나 당황스러웠다. 어렵게 발표를 마치고 사장님의 반응을 보니 다행히도 발표는 마음에 드시는 듯했다. 사장님이 수고했다며 회식을 하자고 하셨다. 팀원들은 기뻐했지만 나는 속상했다. 오래간만에 남자 친구를 만나려고 했는데 결국 만나지 못했다. 꼭 내가 3) ____________ 회사에 일이 생기는 것 같다.

4. 다음 그림을 보고 상황에 알맞게 문장을 완성하십시오.

▶ 학교에서 소풍만 ____________ 꼭 비가 와서 못 간다.

▶ 내가 일찍 ____________ 꼭 일이 생겨서 야근을 하게 된다.

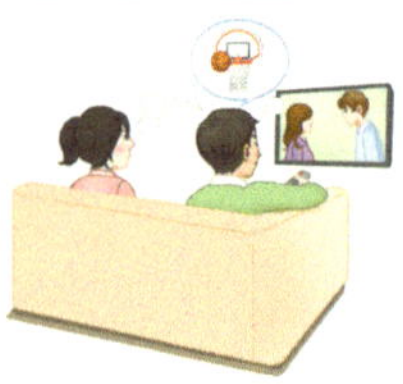

▶ 내가 드라마 좀 ____________ 남편이 꼭 스포츠 중계를 보겠다고 해서 싸운다.

새치기하다	포상	중계

더 생각해 보기

V-(으)려고 하면

17

추가 표현

① A/V-거니와
② N은/는 고사하고
③ A/V-되

1 A/V-거니와

시작하기 전에

- 새로 이사한 집은 위치도 학교에서 가깝거니와 안전해서 혼자 살아도 걱정이 없다.
- 수능을 본 수험생들은 수험표로 영화 할인도 받거니와 무료 전시관 입장도 가능하다.

1. 앞에 나타난 상황이나 사실에 대해 인정하면서 그 뒤에 나타나는 사실도 덧붙여서 이야기할 때 사용한다. 앞에 나타나는 사실과 관련된 말이 뒤에 나타나며, 주로 글을 쓸 때 사용한다.

- 학교 앞에 새로 생긴 커피숍이 커피 맛도 **좋거니와** 인테리어도 예뻐서 늘 사람들이 북적거린다.
- 이번에 출시된 친환경 전기 자동차는 환경 오염도 **방지하거니와** 기름 값도 절약할 수 있다.
- 새로 신설된 한국학과에서는 한국어도 **배우거니와** 한국의 문화와 특성에 대해서 깊이 있게 공부할 수 있다.
- 이 책은 현시대의 흐름을 보여 주는 작가의 통찰력도 **대단하거니와** 여러 가지 사회 문제에 대해서도 깊이 생각해 보는 계기를 마련해 줍니다.

가: 줄리아 씨, 이번에 개봉한 '서울로 오는 길'이라는 영화 봤어요?
나: 네. 어제 친구와 봤는데 내용도 **감동적이거니와** 서울의 풍경도 아름다워서 매우 인상적이었어요.

2. 추가의 뜻을 나타내므로 '~도 ~거니와'의 형태로 자주 사용한다. 앞뒤의 내용이 서로 관련성이 있어야 하므로 앞의 내용이 긍정적일 경우 뒤의 내용도 긍정적인 내용으로, 부정적일 경우에는 부정적인 내용으로 사용해야 한다.

- 줄리아 씨는 공부도 **잘하거니와** 성격도 좋아서 친구들 사이에서 인기가 많다.
- 이번에 새로 출시된 신약은 효과도 **빠르거니와** 부작용도 거의 발생하지 않는다.

통찰력

- 그 축제는 공연도 정말 **재미있거니와** 불꽃놀이도 멋있어 사람들이 많이 찾는다.
- 규칙적인 생활 습관은 건강에도 **좋거니와** 일의 효율성도 높이므로 삶의 질을 향상 시킬 수 있다.

⊙ **문장 앞에 '다시/거듭 말하거니와 / 설명하거니와 / 덧붙이거니와' 등을 사용하여 뒤에 나타나는 의미를 반복해서 강조하기도 한다.**

- 다시 **말하거니와** 이번 시험은 내년에 대학교에 입학하는 데 있어서 매우 중요하다.
- 거듭 **설명하거니와** 이 실험실에서는 매우 중요한 실험이 이루어지고 있으므로 안전과 보안에 주의하셔야 합니다.
- 다시 한번 **덧붙이거니와** 내일 회의에서는 사장님의 중대한 발표가 있을 예정이니 모두 참석해 주시기 바랍니다.

⊙ **과거 시제는 동사와 형용사 모두 'A/V-았/었거니와'의 형태로 사용하고, 미래 시제나 추측 또는 의지의 의미를 나타낼 때는 'A/V-겠거니와'의 형태로 사용한다.**

- 그 가수는 사기 혐의로 인해 사업도 **실패했거니와** 이혼도 하게 되었다.
- 시험도 **끝났거니와** 학교도 이제 방학이니 고향으로 돌아가는 게 좋겠다.
- 선생님이 되려면 공부도 **잘해야겠거니와** 다른 사람의 이야기도 잘 들어줘야 한다.
- 다이어트에 성공하기 위해서는 운동도 열심히 **해야겠거니와** 식습관을 조절할 수 있는 의지가 필요하다.

⊙ **뒤에 명령형이나 청유형의 문장으로 사용할 수 없다.**

- 취직한 후에도 자기 계발을 **하거니와** 끊임없이 공부합니다. (O)
- 취직한 후에도 자기 계발을 **하거니와** 끊임없이 공부하세요. / 공부하자. (X)

거듭

연습

1. 알맞은 것을 골라 문장을 완성하십시오.

좋다	붐비다	편리하다	체험하다	타고나다

1) 이번 세계 대회에서 우승한 김유진 선수는 재능도 ________________ 부단한 노력을 하였다.

2) 샐러드는 건강에도 ________________ 준비 시간도 간편해서 아침 식사로 안성맞춤이다.

3) 요즘 여의도는 벚꽃 축제를 즐기는 사람들도 ________________ 국회 앞에서 시위하는 사람들로 인해 복잡하다.

4) 이번에 신상품으로 출시된 등산품은 활동하기에 ________________ 가격도 저렴해서 등산객들에게 인기가 많다.

5) 전주 한옥마을은 한국의 전통문화도 ________________ 아름다운 지역 명소도 구경할 수 있는 장소여서 외국인들에게 인기가 높다.

2. 다음 대화를 완성하십시오.

1) 가: 흐엉 씨, 남자 친구와 왜 헤어졌어요?

나: 성격도 ________________ 사는 곳이 멀어서 자주 만나지도 못하게 되더라고요.

2) 가: 이번에 출시한 제품의 특징은 무엇입니까?

나: 다른 제품보다 맛도 ________________ 먹기도 간편하다는 것이 가장 큰 장점입니다.

3) 가: 이번에 새로 옮긴 사무실은 어때요? 마음에 들어요?

나: 네, 지난번 사무실보다 크기도 훨씬 ________________ 지하철역과 가까워서 근무하기 좋아요.

보안	부단하다	안성맞춤

4) 가: 김민수 씨가 우리 회사에 입사하고 싶은 이유가 무엇입니까?

나: 제가 대학교에서 배운 전공을 가장 잘 　　　　　　　　　　 회사의 가치관이 저와 가장 잘 맞기 때문입니다.

5) 가: 김 기자, 오늘 새벽에 일어난 7중 교통사고의 원인이 무엇인가요?

나: 아무래도 안개로 인해 운전자들이 앞을 잘 　　　　　　　　　　 새벽이라고 하여 과속 운전을 했기 때문인 것으로 밝혀졌습니다.

3. 다음 대화를 읽고 밑줄 친 부분을 바꾸십시오.

사회자: 오늘은 최근 국제영화제에서 금상을 수상한 〈사랑의 기적〉의 김제니 감독님을 모시고 이야기 나눠 보겠습니다. 안녕하세요, 감독님.

김 감독: 네, 안녕하세요. 반갑습니다.

사회자: 먼저 세계적인 영화제에서 큰 상을 받으신 것을 진심으로 축하드립니다.

김 감독: 감사합니다.

사회자: 감독님 영화가 관객들에게 사랑을 받고 큰 상까지 받은 이유가 무엇인지 간단히 시청자들께 설명해 주시겠어요?

김 감독: 아무래도 이 영화는 각박한 사회를 살고 있는 현대인들에게 희망을 주고 있기 때문이라고 생각합니다. 1) 현대인들의 인간관계에 대한 문제점도 보여줄 뿐만 아니라 이를 사랑으로 극복하는 과정에 대해 따뜻한 시선으로 그려낸 것을 좋게 봐 주신 것 같습니다.

사회자: 그렇군요. 감독님에게 영화란 어떤 존재인가요?

김 감독: 저는 어렸을 때 부모님을 따라 외국으로 이민을 갔는데요. 2) 처음에는 친구들과 말도 통하지 않은 데다가 환경도 낯설어서 적응하기가 쉽지 않았습니다. 하지만 매일 영화를 보면서 어려운 시간을 이겨낼 수 있었습니다. 저에게 영화는 친구 같은 존재였습니다.

사회자: 어려운 시기에 영화가 친구였다는 말씀이시군요. 다른 사람들에게 친구가 되어줄 수 있는 영화를 많이 만들어 주십시오. 마지막으로 시청자분들께 한마디 부탁드립니다.

김 감독: 3) 앞으로도 저희 영화에 관심 가져주시고 영화 산업 발달에도 많은 격려 부탁드립니다. 감사합니다.

각박하다	이민

1) ______________________________.

2) ______________________________.

3) ______________________________.

4. 다음 기사문을 완성하십시오.

이번 연휴 기간 동안 인천 공항을 찾은 여행객들의 수가 20만 명이 넘었다는 조사 결과가 나왔습니다. 일명 '황금 연휴'라고 불렸던 이번 연휴는 기간도 1) ______________ 민족 최대의 명절인 '추석'도 겹쳐서 가족 여행을 가는 사람도 많았습니다. 연휴 기간 동안 고향을 찾지 못한 가족들은 근처 산으로 단풍을 구경하러 가는 사람도 많았습니다. 연휴 내내 날씨도 2) ______________ 공기도 좋아서 모처럼 가족들이 등산하기에 좋았습니다.

더 생각해 보기

V-는데

A/V-(으)ㄹ 뿐만 아니라

V-되

일명　　　겹치다

2 N은/는 고사하고

시작하기 전에

- 민수 씨는 월급을 받으면 저축은 고사하고 학자금 대출을 갚기에 급급하다.
- 이 약을 먹으면 일주일 안에 10킬로그램을 뺄 수 있다더니 다이어트는 고사하고 오히려 살이 더 쪘다.

⋯› 앞의 내용은 불가능하거나 매우 어려운 상황을 이야기하며 뒤의 내용도 앞보다는 쉬우나 이것 또한 어려움을 나타낸다. 하지만 앞의 상황이 어려우면 뒤의 상태라도 이루어지길 바라는 의미를 가지고 있다. 주로 말할 때 많이 사용한다.

- 이번 시험에서 일등**은 고사하고** 합격만 하면 다행이에요.
- 일이 많아서 점심**은 고사하고** 물 한 모금 먹을 시간이 없네요.
- 지금 진행 상황을 보니 기숙사 신축 공사가 마무리**는 고사하고** 반도 못한 것 같다.
- 요즘 대학생들은 취업 준비로 바빠서 연애**는 고사하고** 친구를 만날 시간도 없다니 걱정이다.

가: 왕명 씨, 요즘 대학 생활이 어때요? 새로운 친구들은 많이 사귀었어요?

나: 친구 사귀기**는 고사하고** 수업 따라가기도 너무 힘들어요.

⊙ 주로 부정적인 상황에서 사용한다. 긍정적인 상황에서는 사용하지 않는 것이 일반적이다.

- 어제 산 옷이 환불**은 고사하고** 교환도 안 된다는 직원의 말에 화가 났어요.
- 이번 휴가에는 해외여행**은 고사하고** 가까운 근교라도 여행 갈 수 있으면 좋겠어요.
- 지갑을 주워서 기껏 주인을 찾아줬더니 사례**는 고사하고** 감사 인사도 안 하던걸요.

학자금	급급하다	신축	근교	기껏	사례

연습

1. 알맞은 것을 골라 문장을 완성하십시오.

채용	결혼	대통령	아침 식사	스트레스 해소

1) 그는 ________ 변변한 연애도 한 번 못 해 봤어요.

2) 요즘 피곤해서 늦잠을 자느라 ________ 버스를 제시간에 타기도 힘들다.

3) 김민수 의원은 차기 대통령 후보로 촉망을 받았지만 이번 뇌물 수수 혐의로 인해 ________ 의원직을 유지하기도 힘들 것 같다.

4) 경제 불황이 심각해서 올 하반기에도 신입사원 ________ 조기 은퇴를 독려한다는 소문이다.

5) 오랜만에 친구와 함께 공연을 보러 갔는데 옆자리의 아기가 하도 울어서 ________ 스트레스가 더 쌓이는 느낌이다.

2. 다음 대화를 완성하십시오.

1) 가: 다니엘 씨, 이제 시험이 끝나서 푹 쉴 수 있겠어요.

나: 글쎄요. ________ 잠이라도 제때 잘 수 있으면 좋겠어요. 다음 주까지 내야 할 과제가 산더미인 걸요.

2) 가: 이번에 새로 도입한 자율 출퇴근제가 잘 이루어지고 있나요?

나: 그럴 리가요. 다들 부장님 눈치를 보느라 ________ 일도 없는데 자리만 지키고 있어요.

3) 가: 유진 씨, 이번에 출장 가면 간 김에 구경도 좀 하고 오세요.

나: 뭐라고요? ________ 숙소로 제때 들어와 쉴 수만 있으면 좋겠어요.

변변하다	차기	촉망	뇌물 수수	혐의
독려하다	자율			

4) 가: 김 대리, 내일 신제품에 대한 프레젠테이션을 들어볼 수 있을까?

나: 글쎄요. 어제부터 시작해서 다음 주에도 힘들 것 같습니다.

5) 가: 박 기자, 어제 화재의 피해가 막대했던 이유가 무엇입니까?

나: 길이 너무 좁아서 작은 자동차도 들어가기 어려웠던 점이 가장 큰 요소로 작용했습니다.

3. 다음 대화를 읽고 문장을 완성하십시오.

1)

유미: 오늘 생일이시죠? 축하해요! 미역국은 드셨어요?

성주: 미역국이요? 미역국은커녕 아침도 제대로 못 먹었어요.

유미: 왜요? 어제 성주 씨 어머니가 성주 씨 생일상 차려준다고 시장에서 장을 보셨는데?

성주: 어머니께서 어제 저녁을 드시고 체하셔서 새벽에 응급실까지 갔다 오고 정신이 하나도 없었어요. 지금 어머니께 드릴 죽 사러 가는 길이에요.

⋯› 성주는 .

2)

리사: 민수 씨, 이번 추석 연휴에는 어디에 갈 거예요?

민수: 저는 고향에 다녀올 생각이에요. 이번 연휴는 길어서 고향에 계신 부모님과 시간을 많이 보내고 싶어요.

리사: 정말 좋겠어요. 민수 씨 고향이 어디예요?

민수: 제 고향은 부산이에요. 그렇지만 추석 연휴에는 대중교통을 이용하려는 사람들이 많아서 기차표는커녕 버스표도 구하기 힘들어요.

⋯› 추석 연휴에는 .

막대하다

4. 다음 그림을 보고 상황에 알맞게 문장을 완성하십시오.

▶ 우리 며느리는 아직 ____________________ 밥도 제대로 할 줄 모르는 것 같아.

▶ 이번 생일에 우리 아들에게 ____________________ 손으로 정성껏 쓴 편지라도 받고 싶어.

▶ 이 화장품을 쓰면 피부가 촉촉해진다고 했는데 ____________________ 오히려 더 건조해지는 것 같아.

더 생각해 보기

N은/는커녕

N은/는 말할 것도 없고

3 A/V-되

시작하기 전에

- 발표를 할 때는 자신감 있게 하되 너무 자랑하는 표현은 삼가는 것이 좋다.
- 인생에는 오르막길도 있으되 내리막길도 있으므로 매 순간을 즐기면서 살아야 한다.

1. 앞의 나타난 상황이나 사실을 인정하면서 그 뒤에 조건이나 관련 내용을 덧붙일 때 사용한다. 조금 예스러운 표현의 느낌을 주기도 한다.

- 요즘 회사 업무에 대한 불만도 자유롭게 **이야기하되** 그 문제점을 고칠 수 있는 방법에 해서도 논의해 봅시다.
- 기업의 최고경영자는 사회 경험도 **풍부하되** 다른 사람의 의견도 수용할 수 있는 자세를 지녀야 한다.
- 해외에서 진행되는 촬영은 일정이 **빠듯하되** 끝나고 나면 자유 시간을 보낼 수 있다는 점에서 직원들 사이에 인기가 높다.
- 김 변호사의 강연은 생활 속에서 사람들이 겪을 법한 상황에 대해 자세하게 **알려주되** 강연료가 비싸서 신청하기가 어렵다.

가: 부장님, 아무래도 출장 다녀오면 내일은 좀 늦게 출근할 것 같습니다.
나: 괜찮아. 늦게라도 **출근하되** 출장 갔던 일은 잘 마무리하고 와야 해.

2. 대립적인 내용이나 사실을 연결할 때 사용한다.

- 그 영화의 배경은 눈부시게 **아름답되** 내용이 너무 슬퍼서 보는 내내 눈물이 났다.
- 김 선생님은 열심히 공부하는 학생들에게는 칭찬도 많이 **하시되** 버릇없는 학생들에게는 정말 무섭게 혼내신다.
- 교수님은 그의 주장에 일리가 있음을 **인정하시되** 적극적으로 찬성하시지는 않았다.

최고경영자　　버릇없다　　일리가 있다

⊙ 주로 글을 쓸 때 사용하며 말할 때는 발표와 같은 격식적인 상황에서 많이 사용한다.

- 서울시에서는 수돗물의 급수 환경을 **개선하되** 수도세 인상 계획을 발표할 예정이다.
- 이번에 새로 출시된 화장품은 가격은 **낮추되** 피부와 건강에 좋은 효소를 넣어 만들었습니다.
- 김 작가의 작품에서는 현대인들이 겪는 고충을 실감 나게 **보여 주되** 이를 극복해 나갈 수 있는 해법도 제시하고 있다.

⊙ 뒤에 제안, 조언, 명령 등을 나타내는 표현을 사용하는 경우가 많다.

- 창업을 하려면 먼저 기존에 인기 있는 품목에 대해서도 **조사하되** 나만이 잘 할 수 있는 아이템을 개발해야 한다.
- 한국어를 빨리 배우려면 한국에서 **유학하되** 모국어를 가능한 한 사용하지 마세요.

급수	효소	해법	고충

연습

1. 〈보기〉와 같이 연결하고 문장을 완성하십시오.

> **보기**
> 주장할 때는 소신이 있게 말하다 ———— 정확한 근거를 밝히다
> 주장할 때는 소신이 있게 말**하되** 정확한 근거를 밝혀야 한다.

1) 우리 회사에 입사하다	• •	작은 소음도 배우가 연기를 하는 데 치명적으로 작용하다
2) 이 지역에 발전소를 건설하다	• •	일정한 시간을 미리 정해두는 것이 좋다
3) 이 약은 우울증 해소를 위해 복용하다	• •	앞으로 3년은 해외 부서에서 근무하다
4) 어린이들은 인터넷에 중독되기 쉬우므로 인터넷을 사용하다	• •	장기간 복용하면 비만이 될 수 있으므로 주의할 필요가 있다
5) 소극장은 배우와 관객이 직접 소통하며 공감하다	• •	발전소의 건설 계획과 용도에 대해 주민들에게 정확하게 설명하다

1) ______________________________.

2) ______________________________.

3) ______________________________.

4) ______________________________.

5) ______________________________.

용도

2. 다음 대화를 완성하십시오.

1) 가: 부장님, 아무쪼록 저희 팀이 내놓은 신제품 개발 제안서를 잘 봐주시길 바랍니다

나: 알겠습니다. 제가 잘 비판할 사항에 대해서는 냉정하게 말씀드릴 겁니다.

2) 가: 선생님, 이 소설의 특징이 무엇인지 잘 모르겠어요. 다시 한번 설명해 주세요.

나: 이 소설은 환경을 오염시킨 인간의 잘못을 우리가 앞으로 나아가야 할 방향에 대해서도 잘 보여주고 있어요.

3) 가: 엄마, 컴퓨터가 너무 느려서 숙제를 하는 데 시간이 너무 오래 걸려요. 새 컴퓨터를 사면 안 될까요?

나: 좋아. 새 컴퓨터를 다음 시험에서는 지금보다 좋은 성적을 받아야 해.

4) 가: 사오리 씨, 오늘 출근길에 지하철에서 음악을 시끄럽게 듣는 사람 때문에 정말 짜증 났어요.

나: 아직도 그런 사람이 있어요? 공공장소에서는 음악을 항상 이어폰을 끼고 들어야지요.

5) 가: 흐엉 씨, 이번 달 아르바이트 월급을 받았는데요. 이 돈으로 무엇을 하면 좋을까요?

나: 다니엘 씨가 평소에 하고 싶은 데 나중을 위해 조금씩 저축해 두면 좋을 것 같아요.

3. 기사를 읽고 내용을 요약하십시오.

지난 주말 예술의 전당에서 열린 세계적인 연주자들의 공연이 모두 막을 내렸습니다. 이번 공연은 젊은 연주자들이 뜻을 모아 만든 단체 '음악과 사랑'이 처음으로 연 자선 공연으로, 공연의 수익금은 모두 장애 아동을 위해 쓰일 것으로 알려졌습니다. 공연은 모두 매진이 되었으며 표를 구하지 못한 관객들은 공연장 밖에 임시로 설치된 전광판을 통해 관람하기도 했습니다. 연주가 끝난 후 '음악과 사랑' 측은 처음으로 주최한 공연을 무사히 마치게 되어 매우 기쁘나 앞으로의 계획과 일정에 대해서는 아직 고민할 부분이 많다는 이야기를 전했습니다.

⋯› 자선 단체 '음악과 사랑'의 공연은 성황리에 다음 일정에 대해서는 고민 중이다.

자선	전광판	무사히	성황리

4. 알맞은 것을 골라 다음 글을 완성하십시오.

질문하다 표현하다

최근 젊은이들은 예전 세대와는 달리 자신의 생각을 표출하는 데 매우 익숙해져 있다. 이러한 젊은이들이 신입 사원으로 입사하게 되면서 기존의 기성세대와 갈등을 겪는 일이 종종 발생한다. 젊은이들은 자신의 의견을 적극적으로 1) ______________ 예의를 지키고 있다고 생각하지만, 기존의 세대들은 버릇없다고 생각하는 경우도 많다. 또한 젊은이들은 자신의 사생활을 보호받고 싶어 하는 욕구가 강해서 개인적인 질문은 삼가길 원한다. 이에 따라 어떤 회사에서는 개인적인 2) ______________ 상대방이 불쾌감을 느끼지 않을 정도에서만 하라는 방침이 내려지기도 하였다.

표출하다

18

추측/가능 표현

① A/V-(으)ㄹ 리가 없다

② A/V-(으)ㄹ 법하다/성싶다

1 A/V-(으)ㄹ 리가 없다

시작하기 전에

- 이 음식은 부모님이 보내주신 유기농 재료로 만들었으니 몸에 나쁠 리가 없다.
- 그 드라마가 대본도 재밌고 배우들이 연기도 잘한다니 인기가 없을 리가 없다.

이전의 경험으로 미루어 볼 때 앞에 나타난 내용이 사실이 아니거나 그러한 결과가 나타날 가능성이 없음을 나타낸다. '가'를 생략하여 'A/V-(으)ㄹ 리 없다'의 형태로도 사용한다.

- 앤디 씨가 1년 동안 매일 열심히 공부했는데 이번 시험에 **떨어질 리(가) 없다**.
- 사이버상에서도 서로 상대방에게 예절을 지키지 않으면 기분이 **좋을 리(가) 없다**.
- 아침부터 계속 폭우가 쏟아지고 있으니 오늘 학교를 제시간에 **갈 수 있을 리(가) 없다**.
- 김 선수가 지난번 시합에서 심각한 부상을 당했으니 이번 경기에는 **출전할 리(가) 없다**.

가: 이 대리가 오늘 병가를 냈다고 하네요. 몸이 많이 안 좋은가 봐요.
나: 일주일 내내 밤늦게까지 야근하며 무리했으니 **아프지 않을 리가 없지요**.

⊙ **'A/V-(으)ㄹ 리가 있겠어요?' 형태의 반문하는 의문문으로 자주 사용한다.**

- 휴대 전화을 새로 산 지 1년도 안 됐는데 벌써 고장 **날 리가 있겠어요**?
- 그 문제의 원인에 대해 제대로 알아보지도 않고 상대방에게 따지기만 한다고 문제가 **해결될 리가 있겠어요**?
- 두 나라 사이의 근본적인 외교 문제를 해결하지 않고 눈앞의 이익에만 급급하면 무역이 제대로 **이루어질 리가 있겠어요**?

병가 무리하다 따지다

⊙ **말할 때는 '없다'를 생략하여 'A/V-(으)ㄹ 리가요'의 형태로 사용하기도 한다.**

가: 유진 씨, 교수님께서 갑자기 내일 쪽지시험을 보신다고 하셨대요.
나: **그럴 리가요**. 분명히 지난 수업 때만 해도 아무 말씀 없으셨는데요.

가: 벌써 기차 출발 시간이 다 되어 가는데, 앤디 씨가 아무래도 늦게 오나 봐요.
나: 앤디 씨가 **늦을 리가요**. 얼마나 시간 약속이 철저한 사람인데요.

⊙ **과거 시제는 동사와 형용사 모두 'A/V-았/었을 리가 없다'의 형태로 사용한다.**

- 리사 씨가 요리를 한 번도 안 해 봤는데, 이 음식을 리사 씨가 **만들었을 리가 없어요**.
- 그 제품은 소비자들 사이에서 반응이 크지 않았는데 이렇게 큰 수익을 **냈을 리가 없다**.

⊙ **명사의 경우 'N일 리가 없다'의 형태로 사용한다.**

- 내가 눈을 잠시 감고 있었을 뿐인데 벌써 아침**일 리가 없다**.
- 토니 씨는 아무리 봐도 나보다 나이가 많은 것 같은데, 신입생**일 리가 없다**.
- 진나 씨는 수업 시간에 매일 잠만 잤는데 이번 시험에서 1등**일 리가 없다**.

연습

1. 알맞은 것을 골라 문장을 완성하십시오.

개발되다	취소되다	포기하다	고장 나다	잠을 자다

1) 아무리 공부가 힘들고 타지에서 지내는 것이 외로워도 줄리아 씨가 유학을 ____________.

철저하다	신종	백신

2) 승무원들은 비행 중에 승객들의 안전에 신경 쓸 뿐만 아니라 최상의 서비스를 제공해야 하므로 비행 중에 ＿＿＿＿＿＿＿＿＿＿.

3) 여러 연구소에서 이번 신종 컴퓨터 바이러스에 대한 대책을 강구하고 있으므로 백신 프로그램이 ＿＿＿＿＿＿＿＿＿＿.

4) 새로 산 에어컨이 벌써 ＿＿＿＿＿＿＿＿＿＿ 작동이 잘 안 되는 것을 보니 서비스센터에 가 봐야겠다.

5) 예정된 회사 워크숍이 ＿＿＿＿＿＿＿＿＿＿ 눈이 너무 많이 내려서 확인할 필요는 있을 것 같다.

2. 다음 대화를 완성하십시오.

1) 가: 왕명 씨, 어제 뉴스 봤어요? 결국 박 의원도 비리에 가담했다고 검찰에서 발표했어요.

나: 역시 당 대표가 비리를 ＿＿＿＿＿＿＿＿＿＿. 그 당은 거의 모든 의원들이 뇌물을 받았나 봐요.

2) 가: 앤디 씨가 도서관에서 매일같이 공부하더니 대학교에 합격했다고 들었어요.

나: 그렇게 열심히 공부하는데 ＿＿＿＿＿＿＿＿＿＿. 축하 문자라도 보내야겠어요.

3) 가: 민수 씨가 산 새 차 봤어요? 비싼 차라서 그런지 디자인도 좋고 기능도 많던데요.

나: 네? 민수 씨가 비싼 차를 샀다고요? 민수 씨는 비싼 차를 ＿＿＿＿＿＿＿＿＿＿. 얼마나 구두쇠인데요.

4) 가: 제니 씨, 남자 친구와 화해했어요?

나: 아니요. 그런 진심 없는 말로는 제 마음이 ＿＿＿＿＿＿＿＿＿＿.

5) 가: 어제 사오리 씨가 부장님에게 많이 혼난 것 같은데, 괜찮을까요?

나: 글쎄요. 그렇게 많은 사람들 앞에서 비난을 당했으니 기분이 ＿＿＿＿＿＿＿＿＿＿.

비리	가담하다	당	구두쇠

3. 알맞은 것을 골라 대화를 완성하십시오.

쓰다	나오다	완성되다

안　나: 요즘 논문은 어떻게 되어 가고 있어요? 마무리 작업 중인가요?

마이클: 아니요, 이제 겨우 실험 결과가 나왔는데 벌써 1) ______________.

안　나: 이번 학기에 졸업해야 하는 것 아니에요?

마이클: 아니요. 아직 한 학기가 더 남아서 괜찮아요. 그런데 매일 연구실에 가고 있지만 생각보다 시간이 부족하네요.

안　나: 힘들겠어요. 마음이 급하면 글이 잘 2) ______________. 천천히 여유를 가져 보세요.

마이클: 고마워요, 안나 씨 말이 맞는 것 같아요. 마지막까지 최선을 다해 보려고요.

안　나: 마이클 씨라면 충분히 잘 해낼 수 있을 거예요. 이렇게 열심히 고민하는데 좋은 결과가 3) ______________.

4. 다음 그림을 보고 상황에 알맞게 문장을 완성하십시오.

가: 토니 씨, 오늘 비가 온대요. 우산 가져왔어요?

나: 이렇게 날씨가 맑은데 비가 ______________.

가: 사오리 씨가 기분이 안 좋은가 봐요.

나: 아까 숙제를 안 내서 선생님께 혼났는데 기분이 ______________.

가: 제니 씨, 이 음식은 무엇으로 만들었어요? 너무 맛있어요!

나: 어머니가 만들어 주신 음식이니 맛이 ______________.

더 생각해 보기

A/V-(으)ㄹ 리(가) 만무하다

2 A/V-(으)ㄹ 법하다/성싶다

시작하기 전에

■ 앤디 씨가 한국에서 지낸 지 2년이 지나서 이제 익숙해질 법한데 아직도 한국어가 많이 서투르다.
■ 이제 12월이라 날씨가 많이 추워져서 눈이 내릴 성싶은데 올해는 아직 소식이 없다.

…› **어떤 상황이 일어날 가능성이 많거나 그렇게 되는 것이 당연할 때 사용한다.**

• 어제 만난 부부는 정말 드라마에서 **나올 법한** 사람들처럼 알콩달콩 재미있게 지내는 것 같다.
• 제가 아까부터 3번이나 반복해서 안전 규칙을 설명하고 있으니 이제 **알아들을 성싶은데** 아이들이 아직도 이해를 못 한 것 같다.
• 인생에서 새로운 도전을 하고 싶다는 생각은 누구나 한 번쯤 **할 성싶지만** 이를 실제로 시도하는 사람은 소수에 불과하다.

가: 이번 문학상 최우수작은 아무래도 이 작품이 될 것 같아요.
나: 네, 이 작품이 가장 인상적이라는 점은 누구도 부인할 수 **없을 성싶네요**.

⊙ **강조를 나타내기 위해 중간에 '도'를 추가하여 'A/V-(으)ㄹ 법도 하다'의 형태로 사용하기도 한다.**

• 이 지역은 다른 곳보다 낙후되어서 새로 **개발을 할 법도 한데** 정부에서는 아직 구체적인 계획이 없다고 발표하였다.
• 시험 직전이라 학생들이 쉬는 시간에도 질문을 많이 해서 선생님이 **귀찮으실 법도 한데도** 친절하게 모두 답해주신다.
• 국립 공원 내에 인공 호수를 설치하겠다는 지자체의 발표에 환경 단체들의 항의가 **거세질 성도 싶은데** 아직 조용하다.

알콩달콩 낙후되다 거세다

가: 김 대리가 이번에 다른 회사로 이직한다는 소문이 있는데, 정말인가요?

나: 연봉을 올려준다고 하니 그 회사로 **옮길 법도 한데**, 거절했다고 하네요.

⊙ **의문문의 경우 주로 그 상황에 대해 확인할 때 사용한다.**

- 제가 그렇게 계속 거절했으면, 그 사람이 눈치를 **챌 법도 하지요**?
- 회의가 시작된 지 벌써 5시간이나 지났으니 이제 **끝날 성도 싶잖아요**?

⊙ **과거 시제는 동사와 형용사 모두 'A/V-았/었을 법하다'의 형태로 사용한다.**

- 이 동굴에서 발굴된 문화재들은 적어도 500년 이상은 **넘었을 법하니** 그 가치는 금액을 매길 수도 없다.
- 줄리아 씨가 아침 7시에 비행기를 탄다고 했으니 한 시간 전에 **떠났을 성싶다**.

⊙ **강한 추측이나 가능성이 높음을 나타내므로 불확실함을 의미하는 '어쩌면, 아마'를 같이 사용하면 어색할 수 있다.**

- 내년에 있을 올림픽을 위해 선수들이 피땀을 흘리면서 노력하는 것을 보니 어쩌면 우리나라가 가장 많은 메달을 **획득할 법하다**. (X)
- 아이들은 보통 중학교 때 사춘기가 온다고 하는데 우리 아들도 올해 중학교 2학년이니 아마 부모에게 **반항할 성싶다**. (X)

눈치를 채다　　발굴되다　　매기다

연습

1. 〈보기〉와 같이 연결하고 문장을 완성하십시오.

> **보기** 이것저것 물어보는 손자가 귀찮다 ———— 할머니는 항상 친절하게 대답하다
> 이것저것 물어보는 손자가 귀찮을 법한데도 할머니는 항상 친절하게 대답하신다.

1) 지금쯤이면 회의가 끝났다	•	•	주문이 밀렸는지 1시간째 기다리고 있다
2) 엄마는 며칠 동안 야근해서 피곤하다	•	•	시험 전이라 그런지 집중도가 높다
3) 아까 주문한 음식이 이미 나올 때가 됐다	•	•	다행히 아직 오지 않다
4) 학생들이 계속된 쓰기 수업으로 지겹다	•	•	집에 오자마자 집안일을 하다
5) 바람이 강하게 불고 하늘이 잔뜩 흐려서 금방 비가 오다	•	•	아무도 회의실에서 나오지 않다

1) ______________________________.

2) ______________________________.

3) ______________________________.

4) ______________________________.

5) ______________________________.

2. 다음 대화를 완성하십시오.

1) 가: 진나 씨, 한국에 유학 온 지 5년이면 제주도에 여행 ______________ 아직도 안 가 봤어요?

나: 네, 그동안 공부와 아르바이트 때문에 바빠서 시간을 낼 틈이 없었어요.

> 잔뜩

2) 가: 어제 학교 앞에서 유진 씨 남자 친구가 한 프러포즈 봤어요?

나: 네, 그런 이벤트는 영화 속에서나 실제로 보니 구경하던 저도 감동적이더라고요.

3) 가: 이 대리, 박 팀장에게선 아직 아무런 연락이 없나?

나: 네, 부장님. 이제 출장지에 아직 아무 연락이 없습니다. 연락이 오면 바로 알려드리겠습니다.

4) 가: 마리아 씨가 왜 저렇게 화가 났어요?

나: 도서관에서 공부하고 있는데 옆자리에 앉은 학생들이 계속 떠드니 .

5) 가: 학교 앞에 있는 커피숍이 문을 닫았다면서요?

나: 그 골목에만 커피숍이 3개나 있으니 .

3. 다음 대화를 읽고 문장을 완성하십시오.

1)

다니엘: 유진 씨, 어제 뉴스 봤어요? 요즘 모방 범죄가 갈수록 증가하고 있다고 해요.

흐 엉: 맞아요. TV나 드라마에서 범죄 과정이나 방법을 지나치게 상세히 보여 주다 보니 그런 부작용이 생기는 것 같아요.

다니엘: 저도 가끔 드라마에서 그런 장면이 나올 때마다 걱정했는데 실제로도 그렇다니 정말 무섭네요.

흐 엉: 저도요. 이런 프로그램에 대해서는 어느 정도 규제가 필요하다고 생각해요.

⋯→ TV나 드라마에서 범죄 과정이나 방법을 자세히 보여 주면 이전보다 .

틀이 없다	규제

2)

마이클: 이번 여름 방학에도 봉사 활동을 간다면서요?

유 진: 네, 맞아요. 이번에는 아프리카에 가서 한 달 정도 있다 올 예정이에요.

마이클: 와~ 유진 씨는 정말 대단한 것 같아요. 대학생이면 보통 친구들과 여행을 가고 싶잖아요.

유 진: 물론 저도 방학에 친구들과 여행도 가고 싶지만 그것보다는 저에게 봉사 활동이 더 가치 있는 것 같아요. 제 목표는 졸업 전까지 방학 때마다 가는 거예요.

⋯→ 유진 씨가 방학에는 친구들과 ____________________ 늘 봉사활동을 간다.

4. 다음 뉴스를 읽고 대화를 완성하십시오.

기상청에 따르면 올겨울은 시베리아 한파의 영향으로 사상 최고로 추울 것으로 예상됩니다. 북쪽에서 밀려오는 한파가 계속되면서 영하 20도까지 기온이 내려갈 수 있으므로 노약자들은 외출을 자제해 주시기 바랍니다.

▼

가: 어제 뉴스 봤어요? 올겨울이 가장 추울 것으로 예상된다고 해요.

나: 네, 작년에도 추워서 올해는 날씨가 좀 1) __________ 더 추워진다니 걱정이에요.

가: 그러게요. 저도 한국에서 산 지 벌써 5년이나 되어서 이제 2) __________ 아직도 한국의 겨울은 너무 추운 것 같아요.

나: 전 이번이 두 번째 겨울이니 두꺼운 옷을 충분히 준비해야겠어요.

시베리아 한파

더 생각해 보기

A/V-(으)ㄹ 만하다

A/V-(으)ㄹ 수도 있다

모범

정답

1 가정 표현

① A/V-(으)ㄴ들

1. 1) 바쁜들
   2) 좋은들
   3) 설명한들
   4) 말한들
   5) 받은들

2. 1) 못한들
   2) 온들
   3) 일인들
   4) 아쉬워한들
   5) 개발된들

3. 1) 재주가 아무리 좋은들 노력하지 않는다면 성공하기 쉽겠어?
   2) 자신이 좋아하는 일을 한들 돈을 못 벌면 무슨 소용이 있겠어?
   3) 그 가게 음식이 아무리 맛있은들 그렇게 비싸면 사람들이 많이 가겠어?
   4) 아무리 자격증을 많이 따 놓은들 업무와 관련된 경험이 없으면 취직하기 쉽겠어?
   5) 어려운 전문 용어들이 많이 나오는데 여러 번 설명한들 우리들이 이해하겠어?

4. 1) 시간이 흐른들
   2) 위로한들
   3) 보상을 받은들
   4) 강조한들

② V-(으)ㄴ/는 셈 치다

1. 1) 연습하는 셈 치고
   2) 마시는 셈 치고
   3) 운동하는 셈 치고
   4) 투자하는 셈 치고
   5) 받은 셈 치고

2. 1) 받은 셈 칠게요
   2) 도와주는 셈 치고
   3) 키우는 셈 치고
   4) 공부한 셈 치려고요
   5) 못 본 셈 치고

3. 1) 먹은 셈 칠게요
   2) 노는 셈 치고
   3) 도전하는 셈 치는
   4) 도와주는 셈 치고
   5) 속는 셈 치고

4. 1) 상하이로 여행 가는 셈 치고 즐겁게 다녀오자
   2) 월급 10만 원 덜 받는 셈 치고 저축하자
   3) 새로운 것을 배우는 셈 치고 네 발표 준비 도와줄게

③ A/V-ㄴ/는다고 치다 // N이라고 치다

1. 1) 힘들다고 쳐도
   2) 잡았다고 치자
   3) 운동했다고 쳐도
   4) 손님이라고 치고
   5) 출마한다고 쳐도

2. 1) 도와준다고 쳐도
   2) 깎아 준다고 칩시다
   3) 그렇다고 치고
   4) 그만둔다고 치자
   5) 방이라고 치고

3. 1) 결혼한다 치고
   2) 안 한다고 치고
   3) 구했다 치고
   4) 아빠라고 치고

4. 1) 할머니 제사 준비로 못했다고 치고
   2) 퇴근 시간 전에 갑자기 회의했다고 치고
   3) 농구하다 손을 다쳐 발표 준비를 못했다고 치고

2 강조 표현

① A-기(가) 이를 데 없다

1. 1) 똑똑하기가 이를 데 없는
   2) 화려하기가 이를 데 없었다
   3) 다양하기가 이를 데 없다
   4) 웅장하기가 이를 데 없었다
   5) 뻔뻔하기가 이를 데 없다

2. 1) 무섭기가 이를 데 없었는데요
   2) 불편하기가 이를 데 없었어요
   3) 불안하기가 이를 데 없더라고요
   4) 애처롭기가 이를 데 없어요
   5) 송구스럽기가 이를 데 없습니다

3. 1) 교활하기가 이를 데 없었다
   2) 무지하기가 이를 데 없는
   3) 사악하기가 이를 데 없는
   4) 나약하기가 이를 데 없는
   5) 착하기가 이를 데 없는

4. 1) 훌륭하기가 이를 데 없었어요
   2) 아프기가 이를 데 없더라고요
   3) 부끄럽기가 이를 데 없네요

② V-(으)라고 // N(이)라고

1. 1) 씻으라고?
   2) 탓이라고?
   3) 입으라고
   4) 선생님이라고
   5) 만들라고

2. 1) 옷이라고
   2) 있으라고
   3) 혼나라고?
   4) 그만두라고?
   5) 가라고

3. 1) 건강에 안 좋으니 담배 좀 끊으라고
   2) 이틀 안에 세 권을 읽고 감상문을 쓰라고요?
   3) 누나가 이번 학기 장학금을 받았다고?

4. 1) 나가 달라고
   2) 하라고?
   3) 사람이라고
   4) 발표라고

3 결과/회상 표현

① V-(으)ㄴ 끝에

1. 1) 연애 끝에
   2) 헤맨 끝에
   3) 조사한 끝에
   4) 연구한 끝에
   5) 농담 끝에

2. 1) 몰두한 끝에
   2) 논란 끝에
   3) 발휘한 끝에
   4) 고심한 끝에
   5) 수정한 끝에

3. 1) 전념한 끝에
   2) 기다린 끝에
   3) 과로한 끝에

4. 1) 격투 끝에

2) 기다린 끝에
3) 진압한 끝에

② V-아/어 내다

1. 1) 구조해 냈다
2) 그려 낸
3) 개발해 냈다
4) 견뎌 냈다
5) 떼어 냈다

2. 1) 받아 내는
2) 개발해 냈대요
3) 풀어 낸
4) 생각해 내서
5) 이뤄 내다니

3. 1) 그녀는 어려운 책을 끝까지 읽어 냈다
2) 오랜 시간을 연구소에서 일하더니 좋은 성과를 이뤄 냈다
3) 그는 여행하면서 그동안의 고민과 걱정을 털어 낼 수 있었다
4) 오랜만에 초등학교 친구의 이름을 기억해 냈다
5) 이 그림은 소박한 일상생활을 담아 낸 그림이다

4. 1) 알아낸 / 밝혀낸
2) 밝혀냈다 / 알아냈다
3) 찾아낸
4) 분석해 낸

4 나열 표현

① A/V-(으)ㄴ/는가 하면

1. 1) 분주한가 하면
2) 화려한가 하면
3) 키우는가 하면
4) 사로잡는가 하면
5) 선정하는가 하면

2. 1) 한국어 공부를 하다 보면 어려운 문법이 있는가 하면 쉬운 문법도 있다
2) 그 소설은 예술성이 높다는 평가를 받는가 하면 현실성이 떨어진다는 평가를 받기도 한다
3) 같은 서울이라도 종로는 맑은가 하면 잠실은 비가 내릴 때도 있다
4) 가게의 수입이 좋은 날이 있는가 하면 평소보다 도 못할 때도 있다
5) 내용을 쓸데없이 길게 작성한 답안지가 있는가 하면 짧아도 내용이 알찬 답안지가 있다

3. 1) 있는가 하면
2) 이해하는가 하면
3) 나누는가 하면
4) 검색하는가 하면
5) 좋아하는가 하면

4. 1) 떠나는가 하면
2) 있는가 하면
3) 적응하는가 하면

② V-(으)랴 V-(으)랴

1. 1) 왕명은 한국에 처음 와서 낯선 생활에 적응하랴 한국어를 배우랴 정신이 없었다
2) 처음으로 이사할 때 이삿짐을 나르랴 새집을 청소하랴 정신이 하나도 없었다
3) 처음 운전할 때 정면을 보랴 사이드 미러를 보랴 정신을 차릴 수 없었다
4) 가수 지훈 씨는 오전에 광고 촬영하랴 오후에는 방송 출연하랴 눈코 뜰 새 없이 바빴다
5) 국회의원에 출마한 아버지는 시장을 찾아가랴 노인정을 방문하랴 몸이 두 개라도 모자랄 정도로 바빴다

2. 1) 집안을 청소하랴 음식을 준비하랴
2) 하루 종일 훈련하랴 체중 조절하랴
3) 자식들 공부시키랴 결혼시키랴
4) 화재를 진압하랴 사람을 구하랴
5) 낮에는 회사 업무를 보랴 퇴근 후에는 아이를 돌보랴

3. 1) 아이를 깨우랴 출근하는 아내 아침밥 챙기랴
2) 청소하랴 빨래하랴
3) 교육시키랴 비행 준비하랴
4) 준비하랴 안전에 신경 쓰랴

5 당연/당위 표현

① A/V-(으)ㄹ 수밖에 없다

1. 1) 취업할 수밖에 없었다
2) 서두를 수밖에 없다
3) 취소될 수밖에 없다
4) 당황할 수밖에 없었다
5) 돌볼 수밖에 없다

2. 1) 기쁠 수밖에 없어요
2) 두꺼울 수밖에 없죠
3) 거절할 수밖에 없었어요
4) 꼼꼼할 수밖에 없어요
5) 야단맞을 수밖에 없었어요

3. 1) 막힐 수밖에 없다
2) 반할 수밖에 없었다
3) 당황할 수밖에 없었다
4) 초조할 수밖에 없다
5) 놀랄 수밖에 없었다

4. 1) 먹을 수 없었다
2) 먹을 수밖에 없었다
3) 먹을 수도 있지만

6 대조/반대 표현

① A/V-건마는

1. 1) 없건마는
2) 넘치건마는
3) 부자이건마는
4) 말렸건마는
5) 암기했건마는

2. 1) 주위에 아는 사람이 많건마는 믿을 사람은 하나도 없다
2) 세월이 많이 흘렀건마는 그와 함께한 추억은 어제처럼 선명했다
3) 자신에게 이로울 게 없건마는 그는 남을 돕는 데 주저함이 없었다
4) 계속 휘발유 가격이 오르건마는 정부는 뚜렷한 대책을 세우지 못했다
5) 자식을 위해 쓰는 돈은 아낌없이 쓰건마는 자신을 위해 쓰는 돈은 별로 없었다.

3. 1) 싫었건마는
2) 뛰어나건마는
3) 기여하셨건마는
4) 외우건마는
5) 20대이건마는

4. 1) 사줬건만
2) 말이건만
3) 좋겠건만

7 명사화 표현

① A/V-(으)ㄴ/는 데

1. 1) 만드는 데
2) 익히는 데
3) 개발하는 데

4) 오르는 데
5) 해소하는 데

2. 1) 마트의 강제 휴무일은 재래시장을 되살리는 데 목적이 있다
2) 식사 전 손 씻기는 감기를 예방하는 데에 큰 도움이 된다
3) 이번 정상 회의는 세계 기후 변화를 파악하는 데 중점을 둔다
4) 바자회 수익금은 독거노인들을 돕는 데 사용될 계획이다
5) 유학생 왕명은 자기 생각을 한국어로 전달하는 데 어려움이 없었다

3. 1) 올리는 데
2) 해소하는 데
3) 키우는데
4) 파악하는 데
5) 보고 싶은데

4. 1) 양성하는 데
2) 늘리는 데
3) 키우는 데

② V-(으)ㄴ/는 바

1. 1) 밝혀진 바
2) 의도한 바
3) 쌓은 바
4) 결정된 바
5) 겪은 바

2. 1) 정부는 금리 인상에 대해 확정된 바가 없다고 발표했다
2) 한 대형 마트 조사에서 조사한 바에 의하면 지난해 여름보다 맥주 소비가 늘어났다고 했다
3) 민수 씨는 중국에서 5년간 일한 바 있으므로 중국 담당 책임자를 맡았다
4) 누가 뭐라고 해도 자신이 주장한 바를 끝까지 지켜나가는 그녀의 모습이 멋지다
5) 진나는 경주를 여행하고 느낀 바에 대해 재미있고 감동적인 동영상을 제작했다

3. 1) 할 바를 다하고
2) 몸 둘 바를 몰라
3) 어찌할 바를 모르고
4) 내 알 바(가) 아니라는

4. 1) 우승한 바
2) 갈등을 빚은 바
3) 시선을 모은 바
4) 지시한 바
5) 확정된 바

8 상황/기준 표현

① A/V-(으)ㄴ/는 가운데

1. 1) 추석이 다가오는 가운데 시장 물가가 불안해지고 있다
2) 여러 사람이 모인 가운데 마을 회의가 열렸다
3) 관객의 열기가 뜨거운 가운데 콘서트의 막이 올랐다
4) 양 팀 선수들의 부상으로 긴장이 고조되는 가운데 후반전이 시작되었다
5) 해외여행을 준비하는 가운데 여권을 재발급 받았다

2. 1) 진행되는 가운데
2) 지켜보는 가운데
3) 오르는 가운데
4) 흐린 가운데
5) 집중되는 가운데

3. 1) 바쁘신 가운데
2) 앞둔 가운데

3) 감소한 가운데
4) 주고받는 가운데
5) 예상되는 가운데

② A/V-(으)ㄴ/는 마당에

1. 1) 속인 마당에
2) 탄 마당에
3) 쩔쩔매는 마당에
4) 산 마당에
5) 깨진 마당에

2. 1) 늙은 마당에
2) 망한 마당에
3) 고장 난 마당에
4) 못 주는 마당에
5) 오르는 마당에

3. 1) 모범을 보여야 하는 마당에
존중해야 하는 마당에
2) 늘려야 하는 마당에
없는 마당에

9 선택 표현

① A/V-건 A/V-건 // N(이)건 N(이)건

1. 1) 작건 크건
2) 나오건 들어가건
3) 싸건 비싸건
4) 바쁘건 한가하건
5) 알건 모르건

2. 1) 재미있건 재미없건
2) 무슨 일을 하건
3) 영화를 보건 음악을 듣건
4) 현금이건 카드이건
5) 잘하건 못하건

3. 1) 책을 읽건 TV를 보건
2) 비웃건 말건
3) 알건 모르건
4) 나오건 말건
5) 있건 없건

4. 1) 아이건 어른이건 모두 그를 좋아합니다
2) 어디서 만나건 큰소리로 인사합니다
3) 낮이건 밤이건 늘 콧노래를 흥얼거립니다
4) 뉴스에 나오건 안 나오건 상관없이 사는 것이 즐겁다고 했습니다

② A-다기보다(는) // V-ㄴ/는다기보다(는) // N(이)라기보다(는)

1. 1) 부탁이라기보다는
2) 소질이 있다기보다는
3) 대체한다기보다는
4) 필요하다기보다는
5) 좋아졌다기보다는

2. 1) 검은 가방이 마음에 들었다기보다는 남은 것이 그것밖에 없었다
2) 시간이 없어서 책을 못 읽는다기보다는 독서할 시간을 못 내는 것이다
3) 시험 문제가 어려웠다기보다는 내가 실수를 많이 했다
4) 돼지고기를 싫어한다기보다는 즐겨 먹지 않는다
5) 그 아이는 통통하다기보다는 뚱뚱한 편이다

3. 1) 춤췄다기보다는
2) 섭섭하다기보다는
3) 가린다기보다는
4) 어색해한다기보다는
5) 내성적이라기보다는

③ V-(으)ㄹ 바에(야)

1. 1) 떠날 바에야
   2) 후회할 바에야
   3) 돌아갈 바에야
   4) 기다릴 바에야
   5) 취직할 바에야

2. 1) 도울 바에야
   2) 투자할 바에야
   3) 맡길 바에야
   4) 이사할 바에야
   5) 살 바에야

3. 1) 혼날 바에야
   2) 헤맬 바에야
   3) 들어갈 바에야
   4) 받을 바에야
   5) 후원할 바에야

10 순서 표현

① V-자

1. 1) 나오자
   2) 누르자
   3) 포기하자
   4) 소문이 나자
   5) 생기자

2. 1) 발생하자
   2) 겪자
   3) 들으시자
   4) 심해지자
   5) 전해지자

3. 1) 끝나자
   2) 가까워지자
   3) 울리자
   4) 전해 주자

11 습관 표현

① V-기 일쑤이다

1. 1) 착각하기 일쑤이다
   2) 넘어지기 일쑤지
   3) 빠뜨리기 일쑤이다
   4) 틀리기 일쑤이다
   5) 무시당하기 일쑤이다

2. 1) 잃어버리기 일쑤이다
   2) 빠지기 일쑤이다
   3) 걸리기 일쑤이다
   4) 헤매기 일쑤이다
   5) 놓고 오기 일쑤이다

3. 1) 밤을 새우기 일쑤입니다
   2) 두고 오기 일쑤입니다

12 원인 · 이유 표현

① N(으)로 말미암아

1. 1) 층간 소음으로 말미암아
   2) 야근으로 말미암아
   3) 관광객으로 말미암아
   4) 욕심으로 말미암아
   5) 부상으로 말미암아

2. 1) 부주의로 말미암아
   2) 스트레스로 말미암아
   3) 운동 부족으로 말미암아
   4) 졸음운전으로 말미암아
   5) 담배로 말미암아

3. 1) 지구 온난화로 말미암아
2) 개발로 말미암아

4. 자동차 매연으로 말미암아
과도한 일회용품 사용으로 말미암아
공장 폐수로 말미암아

② A/V-(으)ㄴ/는 이상

1. 1) 담배와 술을 끊지 않는 이상 건강이 좋아지기 어렵다
2) 집이 작은 이상 룸메이트와 서로 조금씩 배려하며 지내야 한다
3) 실수한 사실을 안 이상 친구에게 사과하고 문제를 해결해야겠다
4) 한국에 사는 이상 한국 문화에 익숙해지도록 노력할 필요가 있다
5) 아르바이트를 하는 이상 시간이 부족하니 틈틈이 공부해야 한다

2. 1) 끊지 않는 이상
2) 반대하는 이상
3) 다른 이상
4) 계약을 한 이상
5) 유학을 온 이상

3. 1) 아프지 않은 이상
2) 우승을 하신 이상
3) 시작한 이상

4. 1) 나오는 이상
2) 10개가 아닌 이상

③ A-답시고 // V-ㄴ/는답시고 // N(이)랍시고

1. 1) 사업을 한답시고
2) 배운답시고
3) 높인답시고
4) 데이트한답시고
5) 줄인답시고

2. 1) 운동한답시고
2) 아낀답시고
3) 고친답시고
4) 오빠랍시고/언니랍시고
5) 도와준답시고

3. 1) 재미있게 한답시고
2) 관심을 끌겠답시고

4. 1) 공부한답시고
2) 요리한답시고

④ A/V-기에 망정이지

1. 1) 친구가 돈을 빌려주기에 망정이지 잘못하면 이번 달 하숙비를 못 낼 뻔했다
2) 이번에 건강 검진을 받으셨기에 망정이지 할머니께서 큰 수술을 받으실 뻔했다.
3) 등산객이 별로 다니지 않는 길이기에 망정이지 큰 인명사고가 날 뻔했다
4) 적금을 미리 모아두었기에 망정이지 결혼 준비할 때 은행에서 대출을 받을 뻔했다
5) 마리아 씨가 한국어를 유창하게 잘하기에 망정이지 시장에서 바가지를 쓸 뻔했다

2. 1) 예약했기에 망정이지
2) 피했기에 망정이지
3) 사이이기에 망정이지
4) 공부했기에 망정이지
5) 오지 않았기에 망정이지

3. 1) 챙겼기에 망정이지 친구에게 큰일이 날 뻔했어요.
2) 있었기에 망정이지 하마터면 회의에 늦을 뻔했어요

4. 1) 있기에 망정이지
2) 입고 왔기에 망정이지

⑤ A/V-기로서니

1. 1) (아무리) 아이돌 가수를 좋아하기로서니 학교도 결석하고 콘서트에 가면 되겠어요?
2) (아무리) 그 친구가 밉기로서니 일주일째 인사도 안 하고 지내면 되겠어요?
3) (아무리) 다이어트를 하기로서니 하루 종일 아무것도 안 먹으면 되겠어요?
4) (아무리) 친한 친구 사이(이)기로서니 그런 말을 하면 되겠어요?
5) (아무리) 빨리 일을 끝마쳤기로서니 퇴근 시간 전에 퇴근하면 되겠어요?

2. 1) 중요하기로서니
2) 받았기로서니
3) 유명하기로서니/맛있기로서니
4) 좋아하기로서니
5) 실패했기로서니

3. 높이고 싶기로서니

4. 1) 아무리 취업이 중요하기로서니
2) 돈이 없기로서니

13 유사 표현

① V-다시피 하다

1. 1) 왕명은 매일 밤 룸메이트와 야식을 먹다시피 한 탓에 한 달 만에 10kg이나 찌고 말았다
2) 그녀는 초등학교 때부터 매일 12시간을 연습하다시피 해서 세계적인 피아니스트가 될 수 있었다
3) 그는 어렸을 때 공부는 하지 않고 매일 게임만 하다시피 하더니 유명한 게임 개발자가 되었다
4) 과거에는 공중전화가 거리마다 설치되다시피 했지만 스마트 폰의 보급으로 거의 사라졌다.
5) 민수는 중요한 시험이 있어서 도서관에서 살다시피 하더니 결국 과로로 쓰러지고 말았다

2. 1) 끌고 오다시피 했어요
2) 살다시피 했어요
3) 새우다시피 해서
4) 따라다니다시피 했어요
5) 접다시피 했으나

3. 1) 출근하다시피 하며
2) 쓰다시피 하며

4. 1) 날아가다시피
2) 살다시피

14 의도 표현

① V-고자 하다

1. 1) 다녀오고자 합니다
2) 채용하고자 하는
3) 쏟고자 한
4) 입증하고자 합니다
5) 경험해 보고자 하면

2. 1) 찾고자 하는
2) 나아가고자 하는
3) 인기를 얻고자 하는

3. 1) 보탬이 되고자 합니다
제공하고자 하니
2) 배우고자 하는

15 정도 표현

① A/V-다 못해(서)

1. 1) 사오리 씨가 시험 스트레스로 괴로워하다 못해 병원에 입원하고 말았다
   2) 그는 친구를 기다리다 못해 집으로 돌아갔다
   3) 주말에 돌잔치에서 본 조카가 매우 귀엽다 못해 깨물어 주고 싶을 정도였다
   4) 어젯밤에 배고픔을 참다못해 다이어트를 포기하고 야식을 먹었다
   5) 새로 이사한 집은 방이 따뜻하다 못해 뜨거울 지경이다

2. 1) 새하얗다 못해
   2) 아름답다 못해
   3) 참다못해
   4) 시끄럽다 못해
   5) 지치다 못해

3. 1) 아름답다 못해
   2) 많다 못해
   3) 배가 부르다 못해

4. 1) 견디다 못해
   2) 기다리다 못해

16 조건 표현

① V-기 나름이다

1. 1) 꿈을 이루는 것은 꼼꼼하게 계획을 세운 후에 실천하기 나름이다
   2) 목돈을 모으는 것은 월급을 알뜰하게 저축하고 돈을 합리적으로 소비하기 나름이다
   3) 듣기에 거북한 충고를 들었어도 자기가 받아들이기 나름이다
   4) 친구와 좋은 관계를 유지하는 것은 상대방의 마음을 이해하기 나름이다
   5) 아이가 규칙적으로 생활하는 습관을 기르는 것은 부모가 어려서부터 가르치기 나름이다

2. 1) 사용하기 나름이지요
   2) 깎기 나름이니까
   3) 신경 쓰기 나름이니
   4) 짜기 나름이니
   5) 설명하기 나름이니

3. 1) 노력하기 나름이에요
   2) 사용하기 나름이니까
   3) 마음먹기 나름이에요

4. 하기 나름이니까

② V-노라면

1. 1) 이야기하노라면
   2) 보노라면
   3) 계속하노라면
   4) 걷노라면
   5) 바라보노라면

2. 1) 지속되노라면
   2) 저축하노라면
   3) 봉사활동을 하노라면
   4) 듣노라면
   5) 걷노라면

3. 1) 피우노라면
   2) 취하노라면
   3) 듣노라면

4. 1) 생활하노라면
   2) 공부하노라면

③ V-(으)ㄹ라치면

1. 1) 우승할라치면
   2) 산책할라치면
   3) 예약할라치면
   4) 다녀올라치면
   5) 쉴라치면

2. 1) 할라치면
   2) 시킬라치면
   3) 탈라치면
   4) 받을라치면
   5) 예매할라치면

3. 1) 잡을라치면
   2) 설명할라치면
   3) 데이트할라치면

4. 1) 갈라치면
   2) 퇴근할라치면
   3) 볼라치면

17 추가 표현

① A/V-거니와

1. 1) 타고났거니와
   2) 좋거니와
   3) 붐비거니와
   4) 편리하거니와
   5) 체험할 수 있거니와

2. 1) 잘 안 맞거니와
   2) 좋거니와
   3) 크거니와
   4) 활용할 수 있거니와
   5) 볼 수 없었거니와

3. 1) 현대인들의 인간관계에 대한 문제점도 보여 주거니와 이를 사랑으로 극복하는 과정에 대해 따뜻한 시선으로 그려낸 것을 좋게 봐 주신 것 같습니다
   2) 처음에는 친구들과 말도 통하지 않거니와 환경도 낯설어서 적응하기가 쉽지 않았습니다
   3) 앞으로도 저희 영화에 관심 가져주시거니와 영화 산업 발달에도 많은 격려 부탁드립니다

4. 1) 길거니와
   2) 맑거니와

② N은/는 고사하고

1. 1) 결혼은 고사하고
   2) 아침 식사는 고사하고
   3) 대통령은 고사하고
   4) 채용은 고사하고
   5) 스트레스 해소는 고사하고

2. 1) 휴식은 고사하고
   2) 자율 출근은 고사하고
   3) 구경은 고사하고
   4) 내일은 고사하고
   5) 소방차는 고사하고

3. 1) 미역국은 고사하고 아침도 못 먹었다
   2) 기차표는 고사하고 버스표를 예매하기도 어렵다

4. 1) 김치는 고사하고
   2) 선물은 고사하고
   3) 주름은 고사하고

③ A/V-되

1. 1) 우리 회사에 입사하되 앞으로 3년은 해외 부서에서 근무해야 한다

2) 이 지역에 발전소를 건설하되 발전소의 건설 계획과 용도에 대해 주민들에게 정확하게 설명해야 한다
3) 이 약은 우울증 해소를 위해 복용하되 장기간 복용하면 비만이 될 수 있으므로 주의할 필요가 있다
4) 어린이들은 인터넷에 중독되기 쉬우므로 인터넷을 사용하되 일정한 시간을 미리 정해두는 것이 좋다
5) 소극장은 배우와 관객이 직접 소통하며 공감하되 작은 소음도 배우가 연기를 하는 데 치명적으로 작용한다

2. 1) 살펴보되
2) 지적하되
3) 사되
4) 듣되
5) 사용하되

3. 마쳤으되

4. 1) 표현하되
2) 질문을 하되

18 추측/가능 표현

① A/V-(으)ㄹ 리(가) 없다

1. 1) 포기할 리가 없다
2) 잠을 잘 리가 없다
3) 개발되지 않을 리가 없다
4) 고장 날 리가 없겠지만
5) 취소될 리가 없겠지만

2. 1) 몰랐을 리가 없겠지요
2) 합격을 못 했을 리가 없어요
3) 샀을 리가 없어요
4) 움직일 리가 없어요
5) 좋을 리가 없지요

3. 1) 완성될 리가 없지요
2) 써질 리가 없잖아요
3) 나오지 않을 리가 없잖아요

4. 1) 올 리가 없어요
2) 좋을 리가 없지요
3) 없을 리가 없지요

② A/V-(으)ㄹ 법하다/성싶다

1. 1) 지금쯤이면 회의가 끝났을 법한데 아무도 회의실에서 나오지 않았다.
2) 엄마는 며칠 동안 야근해서 피곤할 법한데 집에 오자마자 집안일을 하셨다
3) 아까 주문한 음식이 이미 나왔을 법한데 주문이 밀렸는지 1시간째 기다리고 있다
4) 학생들이 계속된 쓰기 수업으로 지겨울 법한데 시험 전이라 그런지 집중도가 높다
5) 바람이 강하게 불고 하늘이 잔뜩 흐려서 금방 비가 올 법한데 다행히 아직 오지 않는다

2. 1) 가 볼 법도 한데
2) 나올 법한데
3) 도착했을 법한데
4) 짜증이 날 법해요
5) 문을 닫을 법도 하지요

3. 1) 모방 범죄가 증가할 법하다
2) 여행을 갈 법도 한데

4. 1) 따뜻할 법도 한데
2) 익숙해질 법도 한데

어휘
색인

1-1

그림의 떡
영양제
여전히
판결
선뜻
출시
강조하다
참사
산정하다
착수하다

1-2

재수하다
떼이다
밑지다
동업하다
건강 검진
속다
보람차다
오래간만
의의
요청하다

1-3

스튜디오 촬영
예단
예물

2-1

유치하다
인자하다
쓸쓸하다
웅장하다
뻔뻔하다
애처롭다
여의다
대책
물의를 일으키다
송구스럽다
원만히
나약하다
무지하다
교활하다
사악하다
음모
충신
충언을 고하다

2-2

빈정거리다
헐뜯다
궂다
외박하다
치유하다
지긋지긋하다

3-1

궁리하다
노사
합의하다
수소문
몰두하다
투혼을 발휘하다
고심하다
상당히
전지
애타다
거두다
격투
제압하다
농가
진압하다

3-2

골키퍼
골
헌신
떼다
휘발유
탐험가
고비
대륙
진범
시행착오
접착제
대견스럽다
끈질기다

4-1

4-2

5-1

6-1

7-1

7-2

동동
구르다
고수하다
갈등을 빚다
튀다
지시하다
확정되다

8-1

국가
위급하다
침착하다
고조되다
막바지에 이르다
감회
교편을 내려놓다
여념이 없다
본보기

8-2

신뢰
허물어지다
쩔쩔매다
인테리어
상습 폭언
기가 막히다
막론하다
공터

9-1

미련을 두다
비웃다
소신
기계를 다루다
콧노래를 흥얼거리다

9-2

국토 종단
대체하다
호전되다
(낯을) 가리다
(부끄러움을) 타다

9-3

함부로
자선 단체
아예
연말 상여금
외과
혼나다
대접을 받다

10-1

얼른
까마귀 날자 배 떨어진다
초인종
결함
부랴부랴
자금난
자발적
막판
코치
울리다
홀어머니
고국

11-1

밤잠을 설치다
걸핏하면
빠뜨리다
최종
덜렁대다

12-1

호소하다
실적
부진
만혼
오류
사소하다
부주의
개발도상국
무분별하다
우려
추돌 사고
귀농
난민

먹먹하다

16-1

개념
성취하다
공정성
자자하다
길들이다
거북하다
알뜰하다
인건비
절감하다
손실
반발
자기 암시
의존도
성실도
참을성

16-2

공모전
예스럽다
트이다
호숫가
증후군
만성적
휴식을 취하다
청중

16-3

모처럼
산더미
결근
내한하다
새치기하다
포상
중계

17-1

통찰력
거듭
보안
부단하다
안성맞춤
각박하다
이민
일명
겹치다

17-2

학자금
급급하다
신축
근교
기껏
사례
변변하다
차기
촉망
뇌물 수수
협의
독려하다
자율
막대하다

17-3

최고경영자
버릇없다
일리가 있다
급수
효소
해법
고충
용도
자선
전광판
무사히
성황리
표출하다

18-1

병가
무리하다
따지다
철저하다
신종
백신
비리
가담하다

18-2